日本縦断！ 地下鉄の謎

小佐野カゲトシ・監修
Kagetoshi Osano

JIPPI Compact

実業之日本社

はじめに

都会の生活には欠かすことのできない交通機関である地下鉄。日本はもちろん、今では世界各国の都市の地下に路線網が張り巡らされ、人々の生活、そして経済を支える動脈となっている。もし地下鉄が登場していなかったら、東京もロンドンもニューヨークも、これほどの大都市にはなっていなかったかもしれない。

路面交通の混雑を避け、都市部の拠点を高速で結ぶ新たな交通機関として世界初の地下鉄がロンドンに開業したのは、日本で言えばまだ幕末の1863年。以来約150年、当初は蒸気機関車だった車両も電車へ、そしてトンネルの掘削技術なども時代や地域に合わせて進化を続けてきた。

日本でも、地下鉄は1927（昭和2）年に初の路線が開業して以来、新しい技術やデザインをほかの鉄道に先駆けて取り入れてきた。たとえば、いまの通勤電車では当たり前となった、両側に開くタイプのドアを初めて本格的に採用したのも地下鉄電車だ。日々何気なく乗っている地下鉄だが、そこにはこれまでの歴史の積み重ねとテクノロジーが詰め込まれているのだ。

だが、走る場所が地下だけに、その姿はなかなか見えにくい。電車をどうやって地下に運び込んでいるのか、トンネルはどうやって造られているのか、そもそも路線の計画は誰がどのように立てているのか……。考えてみれば、毎日乗っている人でも意外に知らないことに気づくはずだ。時折テレビなどでも取り上げられる「幻の駅」や「秘密の線路」の存在も好奇心をそそるだろう。

本書では、そんな地下鉄にまつわる「謎」やユニークなエピソードなど、地下鉄を利用する人ならちょっと気になるさまざまなテーマを取り上げた。何気なく乗っている地下鉄に隠された工夫や歴史を知ることで、ふだんの通勤・通学が今までより楽しい時間となれば何よりだ。

ただし、地下鉄観察に夢中になって、降りる駅を乗り過ごさないように……!

小佐野カゲトシ

CHAPTER

2

地下を「掘る」最新技術に迫る

地下鉄の設計・建設

CHAPTER

3

どうやって電車を動かすの？

運転・運行の不思議と謎

カバーデザイン　杉本欣右
本文レイアウト・本文図版　若松 隆
編集　風来堂（小山内美貴子・平野貴大・今田壮）
本文　池口英司・大口ナオト・小佐野カゲトシ・塩原淳一朗・西村まさゆき・森俊朗
企画・進行　磯部祥行（実業之日本社）

CHAPTER

1

知っているようで意外と知らない!?

地下鉄の基礎知識

CHAPTER 1

01

地上部の長さは無関係？「地下鉄」の定義とは？

日頃、何気なく使っている「地下鉄」という言葉。では、その定義は？　と問われたら、どう答えたらいいだろうか。

国語辞典で「地下鉄」を調べてみると、「都市などで、地下にトンネルを掘り、そこに敷設した鉄道」（小学館『大辞泉』）とある。言葉としてはその通りだが、例えば、東京メトロ東西線は全線30・8㎞の半分近い約14㎞が高架線にも関わらず「地下鉄東西線」と呼ばれている。横浜市営地下鉄や神戸市営地下鉄も、地上を走る区間が多くある。

逆に、本州と北海道を結ぶ青函トンネルは長さが53・9㎞もある立派な地下トンネルだが、地下鉄と呼ばれることはない。また、東京のＪＲ横須賀・総武快速線や大阪のＪＲ東西線などでも都市部に地下区間が存在するが、いずれも地下鉄とは呼ばれない。

一般に地下鉄と呼ばれることが多いのは、北から順に札幌市、仙台市、東京都、東京メトロ、横浜市、名古屋市、京都市、大阪市、神戸市、福岡市の10事業者が運営する鉄道だ。

これらの事業者や私鉄などが加盟する団体、日本地下鉄協会が発表している「全国地下鉄輸送人員速報」（月ごとに発表される、全国の地下鉄利用者数をまとめた資料）も、この10事業者を集計対象としている。また、国土交通省が各種資料などで「地下鉄事業者」としているのもこの10事業者だ。

しかし、地下鉄協会のウェブサイトにある「日本の地下鉄」のコーナーには、これに加えて、埼玉高速鉄道、東葉高速鉄道、横浜高速鉄道（みなとみらい線）、東京臨海高速鉄道（りんかい線）、広島高速鉄道（アストラムライン）の五つの事業者も掲載されている。さらに「地下鉄営業路線の現況」という資料には、このほかにも、先に挙げた東京のJR横須賀・総武快速線や大阪のJR東西線など、都市部の地下を走るありとあらゆる路線が掲載されている。

いったい地下鉄とは何なのか、頭が混乱してしまいそうだ。何か法律などによるはっきりとした決まりはないのだろうか。

「この条件を満たせば地下鉄」という基準はない

日本を走る鉄道は「鉄道事業法」「軌道法」という法律に従って運営されており、一般的に普通の鉄道は前者、路面電車は後者に基づいている。では、地下鉄には「地下鉄法」があるかといえば、特にそういった法律はなく、地下鉄もこれら二つのどちらかの法律に基づいて運営されている。しいていえば、地下鉄建設に対する補助金を国と地方自治体が交付する「地下高速鉄道整備事業費補助」という制度があり、この対象には、先に挙げた10事業者のほかに大阪の中之島高速鉄道（京阪中之島線）、西大阪高速鉄道（阪神なんば線）、名古屋の上飯田連絡線（名鉄小牧線の一部と名古屋市営地下鉄上飯田線）などが含まれているが、これも地下鉄の定義を定めたものであるとはいえないだろう。

前述の二つの法律の施行規則では、地下を走る鉄道や地下駅についての規定がいくつかなされている。しかし結局のところ、地下鉄の定義を明確に定めた文書はないというのが事実だ。もっとも一般的な解釈としては、先に挙げた札幌市、仙台市、東京都、東京メトロ、横浜市、名古屋市、京都市、大阪市、神戸市、福岡市の運営する路線が、いわゆる「地下鉄」であるといえるだろう。本書では、以上の路線に埼玉高速鉄道、東葉高速鉄道、横浜高速鉄道（みなとみらい線）、東京臨海高速鉄道（りんかい線）、広島高速鉄道（アストラムライン）の5事業者を加えた15の事業者を「地下鉄」と定義し、比較、考察してゆこう。

CHAPTER 1

02

首都圏を埋め尽くす路線網 東京の地下鉄はどうやってできた？

東京メトロ・都営地下鉄あわせて13路線、計301・1㎞という、世界でも有数の路線網を誇る東京の地下鉄。路面電車に代わる都心部の足としての役割に始まり、戦後は混雑する郊外路線のバイパス路線として、さらに郊外を走る私鉄各線を結びつけ、首都圏を縦横に貫く鉄道網を形作る存在へと、その役割を大きく広げていった。

東京に地下鉄を建設しようという計画は、日本に鉄道が開業してからまだ日の浅い明治時代から存在した。初めて地下鉄の敷設を具体的に計画したのは「東京地下電気鉄道」という会社で、1906（明治39）年に高輪《たかなわ》〜浅草間、銀座〜新宿間の2路線の免許を申請している。だが、当時の東京市は市内の交通機関を市営として一元運営する意向を持っていたため、結局この地下鉄計画は不許可とされてしまった。もっとも、計画自体も資金面や技術面での裏付けが不足していたといわれている。

明治期にはやや先進的すぎた地下鉄計画も、都市化の進展や人口増加に伴い、次第に現実味を帯びてくるようになる。当時の都心部の代表的な交通機関は路面電車だったが、既に輸送力が需要に追いつかない状態となっており、都心部の拠点を高速で結ぶ交通機関の必要性が高まっていたためだ。大正年間には地下鉄の免許申請が相次いで行われたが、その中で「日本の地下鉄の父」と呼ばれる早川徳次《のりつぐ》が1919（大正8）年に路線免許を取得。1927（昭和2）年12月、早川が創業した「東京地下鉄道」が現在の銀座線の一部にあたる浅草駅〜上野駅間を開業し、東京の地下鉄の歴史が始まった。

だが、戦時体制に突き進む時代の中、地下鉄の発展もしばらく閉ざされることになる。2社の路線を引き継ぎ、東京の地下鉄建設・運営を一元的に担う組織として1941（昭和16）年に発足した今でいう第3セクターの帝都高速度交通営団（営団地下鉄）は、現在の丸ノ内線の一部にあたる赤坂見附駅〜四谷見附駅間の建設に着工したものの、戦争の激化に伴い中断。戦前の東京の地下鉄は銀座線の1路線だけに終わった。

戦後の地下鉄は相互直通運転とともに発展

戦後の復興とともに、地下鉄計画は再び進展し始める。戦後の東京の地下鉄で大きな特徴となったのは、なんといっても郊外私鉄と地下鉄が乗り入れを行う「相互直通運転」の

京成線に乗り入れている都営地下鉄の車両

開始だ。東京近郊から都心へ伸びる私鉄と都心部の足を担う地下鉄を直結することで、乗り換えターミナル駅の混雑緩和や所要時間の短縮を図ろうという方策だ。

日本初の相互直通運転を行ったのは、戦後、国と都の出資となった営団地下鉄と並んで東京の地下鉄建設・運営を担うことになった東京都が運営する都営地下鉄浅草線で、1960（昭和35）年の開業と同時に京成電鉄との乗り入れを開始。営団地下鉄も、1962（昭和37）年に日比谷線と東武伊勢崎線の直通運転を始めた。現在では13路線ある東京の地下鉄のうち10路線で相互直通運転が行われている。郊外路線と地下鉄がこれだけ大規模に直通運転をしている例は珍しく、東京の地下鉄の特徴となっている。

CHAPTER 1

03

日本の地下鉄史①
明治後期～昭和初期

明治後期、地上を走る鉄道では国有化を定めた鉄道国有法が公布された。その同年に、日本で初めての地下鉄が計画されたのだった。前述の通り、1906（明治39）年に東京の高輪～浅草間と、銀座～新宿間に地下鉄建設の免許の申請があった。この計画は実現することなく終わるが、すでに各国で地下鉄の建設が始められており、わが国にもその機運が伝わってきたということになる。もっとも、黎明期のロンドンの地下鉄などは、蒸気機関車牽引の列車を走らせたことから、トンネル内に煤煙が充満したといい、使い勝手は良くなかったようだ。もし、この時期に計画が実現していたら、銀座の地下を蒸気機関車が走っていたのだろうか？

日本初の地下鉄は、早川徳次が創立した東京地下鉄道株式会社により、1927（昭和2）年12月30日に浅草駅～上野駅間で開業した（P13～P15参照）。路線延長はわずか2・2㎞に過ぎなかったが、日本で初めての地下鉄が開業したという物珍しさもあって、

上野～浅草間開通時の上野駅前の光景（写真：東京都立中央図書館）

開業日から駅は人であふれ、乗車を待つ人の列は、階段を伝って地上に延び、上野から広小路まで続いた。日本で初めての地下鉄に1日のうちに10万人の人が押し寄せたという。

東京地下鉄道は、当初からその規範をニューヨークやヨーロッパの地下鉄に見出し、先端の技術をいち早く採り入れた。改札口には10銭銅貨を投入することでバーが回転し、人の通過が可能になる自動改札機を初日から稼働させた。列車の運行システムには、原始的なスタイルのものではあったがＡＴＳ（自動列車停止装置）を採用。車両は当時まだ珍しかった全金属製の車体を備え、照明は影が生じることのない間接照明を採用した。車体の色は明るいオレンジ色を採用したが、これは地下を走る鉄道のイメージを明るいものにしようと、ベルリンの地下鉄にならったものだった。

この浅草駅〜上野駅の線路が、今も東京メトロ銀座線の線路として使われている。その後の運営体制の変化や技術の進歩によって、原始的な自動改札やATSは姿を消したが、先進の技術をいち早く採り入れて活用する気風は、今も東京の地下鉄に、昔と変わることなく受け継がれている。

東京地下鉄道の成功を受け地方にも地下鉄が開業

開業当初から大きな成功を収めた東京地下鉄道は、1934(昭和9)年に路線を新橋駅まで延伸させ、全線の開業をみる。途中、三越前駅は三越デパートが建設費用を負担することで駅が造られ、駅構内として初めてのエスカレーターも設置された。浅草雷門ビルには直営の食堂がオープンし、上野、須田町、宝町、日本橋に「地下鉄ストア」が開かれてチェーン店式の物販が行われるなど、いち早い多角的経営も手がけられた。

東京で2番目となる地下鉄は、1938(昭和13)年11月に開業した。青山六丁目駅〜虎ノ門駅間を建設した東京高速鉄道で、この路線は1939(昭和14)年1月には渋谷駅〜新橋駅間を全通させ、新橋駅で東京地下鉄道と接続した。しかし、この時点では、東京地下鉄道と東京高速鉄道の間には経営の対立があり、それぞれの路線の新橋駅は壁を隔てた別々の場所に建設されている。結局、この8カ月後となる同年9月16日には、両社の線路がつながり直通運転が開始されたが、東京高速鉄道が建設した新橋駅は、その後も使用されることのないまま遺構として残された。

東京地下鉄道の開業とその成功は、地方の都市にも影響を与えた。1933（昭和8）年5月30日には、大阪市営地下鉄の梅田仮駅〜心斎橋駅間3・0㎞が開業。当時の列車はまだ単行（1両）での運転であったが、東京の地下鉄と同じように当初からATSを備え、車体幅はゆったりと広く、軽合金製のドアは銀色に輝いていた。

大阪の地下鉄は、東京とは異なり、当初から公営交通として建設が進められた。地下鉄という交通機関が、新時代の都市交通の担い手となることが予見されていたのだろう。それでも、大阪の中心部は「水の都」というだけに低湿地帯も多く、工事の途中で現場が水没してしまうこともあったという。後に「御堂筋《みどうすじ》線」の愛称名が付くこの路線は、1938（昭和13）年4月21日に天王寺まで延伸。その後も、南北方向に路線を延ばしてゆく。

日本で3番目の地下鉄が生まれた都市は、名古屋だった。1957（昭和32）年11月15日に1号線名古屋駅〜栄町駅間が開業。現在の東山線の一部である。

CHAPTER 1

04

日本の地下鉄史②

昭和初期〜昭和後期

東京に多くの地下鉄路線を有する東京地下鉄（東京メトロ）は、２００４（平成16）年３月末まで「帝都高速度交通営団（以下「営団」）」なる特殊法人だった。テレビなどで用いられた「営団地下鉄」という言葉も、馴染みの深い慣用句となっていた感がある。

営団が発足したのは、太平洋戦争が勃発する直前の１９４１（昭和16）年７月のことで、同年９月１日から、現在の銀座線を引き継いで運営を開始した。日本の首都・東京の交通として役割が重要になってゆくであろう地下鉄の運行、管理を一元化したいとする、いわゆる戦時統合によって生み出された組織で、国と当時の東京市が大半を出資した。戦後は国と都のみの出資となったが、発足当初は民間資本も参加していた。営団が設立された目的には、新しい路線の建設促進も掲げられていたが、戦争の激化による資材難でこの計画が実行に移されることはなく、終戦時に日本で営業していた地下鉄は、東京に14・３㎞、大阪に８・８㎞のみにすぎなかった。

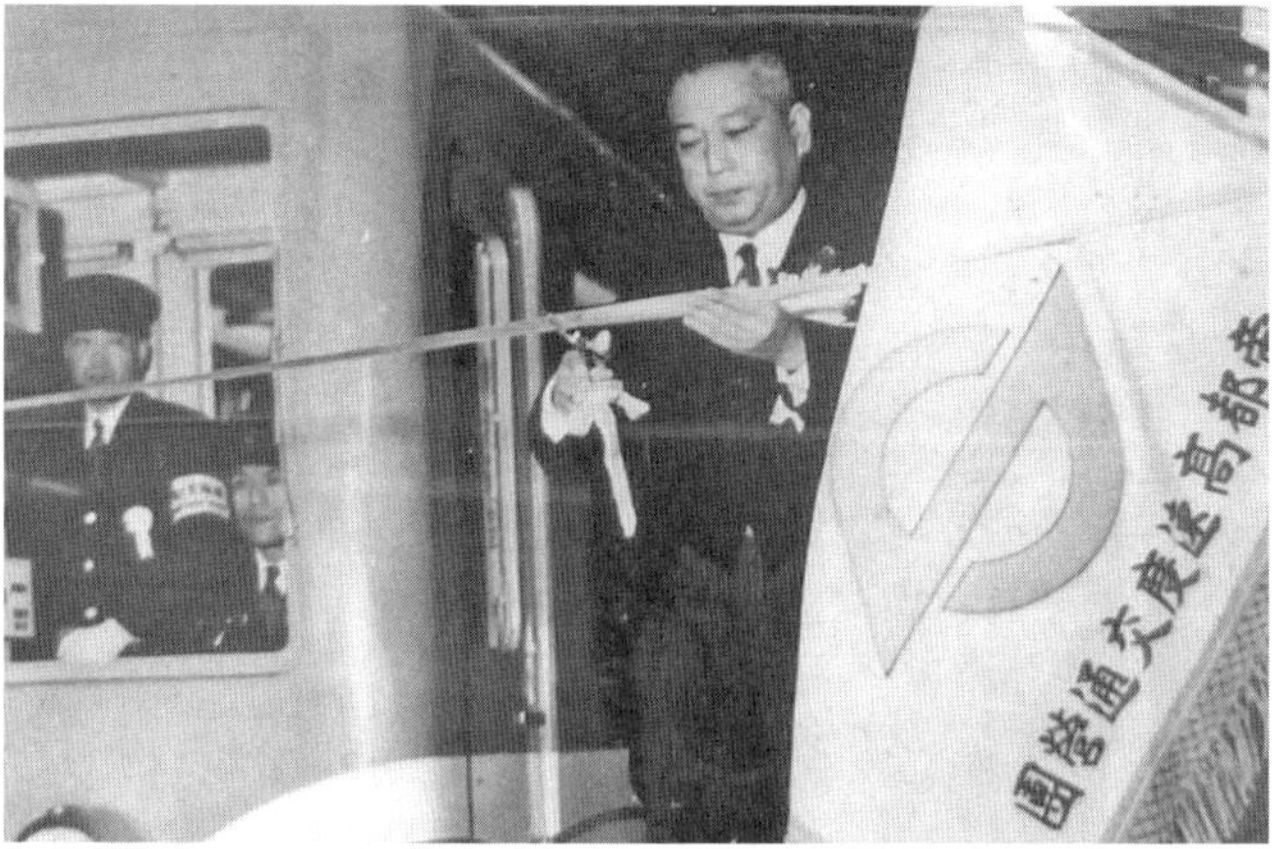

1954（昭和29）年1月に開業した丸ノ内線。営団300形車両が写っている

戦後になって初めて開通した路線が、営団地下鉄丸ノ内線池袋駅〜御茶ノ水駅間6・4㎞だった。これは現在の丸ノ内線の一部で、現在でも東京メトロにとっては、路線を引き継いだ形の銀座線ではなく、自らの手で建設した丸ノ内線からが「自分たちの鉄道」であるという意識があるともいわれる。ここで投入された300形は、両開きの側扉などの数々の新機軸を採用し、利用客を驚かせた。丸ノ内線の新規開業は1954（昭和29）年1月20日のことである。通勤電車といえば汚れが目立たないこげ茶色に塗装されるのが当たり前の時代に、営団300形は赤い塗装に白帯を巻いて登場した。その白帯の上には、さらにステンレスを用いて形づくられた銀色の波状の帯が加えられ、これは後に

「サインカーブ」とも形容されるようになる。東京の山手を走る地下鉄の新規開業と、そこを走る斬新なスタイルの電車に、多くの人が新時代の到来を予感したであろうことは想像に難くない。営団は、その後、日比谷線、東西線、千代田線、有楽町線、半蔵門線、南北線と、次々に路線を開業、延伸させてゆき、東京の交通に不可欠の存在となってゆく。

そして冒頭のように、当時の小泉内閣が推し進めた「特殊法人改革」の一環として民営化。東京メトロとしての再スタートが切られ、2008（平成20）年6月14日には、副都心線が全線開業した。

直通運転を前提に「都営」の地下鉄が誕生

東京の地下鉄を司る新たな組織として東京都交通局が地下鉄の運営に名乗りを挙げ、その最初の運行区間となる都営1号線（現・浅草線）の押上《おしあげ》駅〜浅草橋駅間3・2㎞を開業したのは、1960（昭和35）年12月4日だった。それまで一元化されていた東京の地下鉄の建設・運営に都も加わったのは、営団のみでは負担が大きいと考えられたルートを分担し、建設の促進を図るという狙いだ。これは一定の成果をもたらした一方、現在では、二重化してしまった運賃制度などの諸問題が顕在化しつつある。

1960（昭和35）年11月30日に行われた都営地下鉄1号線開通式の様子（写真：東京都）

都営1号線の大きな特徴は、全通時から接続する京浜急行電鉄、京成電鉄との相互直通運転を実施したこと。建設工事に着手する前から3社による協定が締結され、乗り入れ運転に関する基準が決定された。一番の問題点となる軌間については、1435㎜ゲージを採用することとなり、これはこの線路幅を採用している京浜急行電鉄の車両数が、1372㎜ゲージを採用している京成電鉄のそれを勝ったことが決め手になったといい、京成の関係者を悔しがらせたという。郊外から都心に走って来た電車が、地下区間を走行して都心部へ乗り入れ、さらに都心の反対側に走り抜けるという運転方法は極めて合理的だと立証され、現代では大都市圏にアクセスする鉄道に不可欠のスタイルとなっている。

全国の主要都市でも続々開業

昭和40年代中盤以降は、全国で地下鉄の新規建設が続いた。1971（昭和46）年12月の札幌市、1972（昭和47）年12月の横浜市、1977（昭和52）年3月の神戸市、1981（昭和56）年5月の京都市、同年7月の福岡市、1987（昭和62）年7月の仙台市と、相次いで地下鉄が新規開業。これらはいずれも地方都市で公営交通としての開業という共通点を有している。その理由としては、いずれの都市においても車による交通渋滞が深刻化し、これを救済する目的で地下鉄の建設が行われたこと、また、それぞれの都市には、かつて路面電車が運転されていて、地下鉄には廃止となった路面電車の代替交通手段としての役割を担う、という意味合いが込められていることが挙げられる。

また、これは地下鉄ではなく、地下線への移行というかたちだが、1981（昭和56）年3月1日には、長野電鉄が長野駅～善光寺下駅間を地下化し、踏み切りの廃止と交通渋滞の解消を果たしている。地下路線の建設には地上の鉄道と比べて大きなコストがかかってしまうが、都市交通においては、それを上回るメリットをもたらすのだ。

●年表でみる日本地下鉄

1906(明治39)年	日本初の地下鉄建設（高輪~浅草間、銀座~新宿間）が計画されるも実現せず。
1925(大正14)年	東京地下鉄道株式会社が浅草駅〜上野駅間を着工。
1927(昭和2)年12月30日	日本初の地下鉄（浅草駅~上野駅）開業。
1929(昭和4)年	新京阪鉄道が京都市内地下線を着工。
1930(昭和5)年	新京阪鉄道が京阪電鉄と合併し、京阪電鉄新京阪線へ。
1933(昭和8)年5月30日	大阪市営地下鉄（梅田仮駅~心斎橋駅）が開業。
1934(昭和9)年	東京地下鉄道が新橋駅まで開業。
1938(昭和13)年4月21日	大阪の御堂筋線が天王寺まで延伸。
同年11月	東京高速鉄道が東京で2番目となる地下鉄（青山六丁目駅~虎ノ門駅）開業。
1939(昭和14)年1月	東京高速鉄道が渋谷駅~新橋駅間を全通。9月には新橋駅で東京地下鉄道と接続。
1941(昭和16)年7月	帝都高速度交通営団が発足。9月1日から、現在の銀座線を引き継いで運営開始。
1954(昭和29)年1月20日	丸ノ内線の新規開業。
1957(昭和32)年11月15日	名古屋で1号線（名古屋駅~栄町駅間）が開業。
1960(昭和35)年12月4日	東京都交通局が都営1号線（押上駅~浅草橋駅）を開業。
1971(昭和46)年12月	札幌市営地下鉄開業。
1972(昭和47)年12月	横浜市営地下鉄開業。
1977(昭和52)年3月	神戸市営地下鉄開業。
1981(昭和56)年3月1日	長野電鉄が長野駅~善光寺下駅間を地下化。
同年5月	京都市営地下鉄開業。
同年7月	福岡市地下鉄開業。
1987(昭和62)年7月	仙台市地下鉄開業。
1990(平成2)年3月20日	大阪市営地下鉄長堀鶴見緑地線が初めてリニア駆動式を地下鉄に採用。
2004(平成16)年3月	帝都高速度交通営団が民営化され、東京地下鉄（東京メトロ）に。
2008(平成20)年6月14日	副都心線が全線開業。
2013(平成25)年3月	東京地下鉄副都心線と東急東横線が直通運転開始、5社での相互直通に。

CHAPTER 1

05

リニアもロマンスカーも走るバラエティ豊かな最新車両

昭和後期からは、新しい経営の手法、新しい車両の機構などが登場し、革新と多様化が進んでいった。その一つが、１９６８（昭和43）年４月７日に営業を開始した神戸高速鉄道である。「営業を開始」と、もってまわった表現になるのは、この会社が車両を保有せず、鉄道施設（トンネル、線路、駅施設など）を保有し、ここに他社の列車が乗り入れることで営業を行う、「第三種鉄道事業者」として運営されていることによる。日本の鉄道事業者（鉄道会社）は、国が定める鉄道事業法によって、自分が所有する線路を使って営業する第一種と、他の事業者が保有する線路を使う第二種、そして自らが保有する線路を他事業者に使用させる第三種に分かれるのだ。

これは、安定経営を行い都市交通の利便性を確保するという面においては有利なスタイルで、１９８８（昭和63）年に成田空港高速鉄道（ＪＲ東日本と京成電鉄が運行）、２００４（平成16）年に千葉ニュータウン鉄道（北総鉄道と京成電鉄が運行）など、何社もの第三種鉄道事業者がその後も開業している。

1971（昭和46）年12月に開業した札幌市営地下鉄は、ハード面での新機軸で一躍注目された。この路線では、車両の足まわりに一般的な鉄の車輪ではなくゴムタイヤを使用し、コンクリートで造られた軌道の上を軌道中央に敷設された案内軌条によって車両の進行方向が誘導される「中央案内軌条方式」が採用された。ゴムタイヤを使用するメリットには、走行時の騒音・振動を軽減し、乗り心地もソフトで、急勾配にも強いといった点を挙げることができる。その一方で、タイヤの摩耗が早く、部品交換の周期が早いといったデメリットもあって、この方式がほかの鉄道会社で採用されるには至っていないが、札幌市交通局の地下鉄3路線では、すべてゴムタイヤ付きの車両が運転されている。（P130〜P133参照）

都市の鉄道に有利なリニア式

これからの都市交通の主力となる可能性を秘めているのが、リニア駆動式を採用した地下鉄だ。

日本で初めてこの方式を採用した地下鉄が、1990（平成2）年3月20日に開業した大阪市営地下鉄長堀《ながほり》鶴見《つるみ》緑地《りょくち》線で、同じ方式を採用した地下鉄には、都営地下鉄大江戸線、横浜市営地下鉄グリーンライン、大阪市営地下鉄今里筋《いまざとすじ》線、神戸市営地下鉄海岸線、福岡市地下鉄七隈《ななくま》線、仙台市地下鉄東西線がある。

鉄輪式のリニア式鉄道は、従来の鉄道車両よりも車両が小さく、トンネル断面も小さくすることが可能になるため、建設費用を安く抑えられる。勾配に強いというメリットもあり、地下を走りながらも急勾配が連続する仙台市地下鉄東西線では、この特徴が大いに活かされることになった。既存の都市の鉄道でも、線路改良のために、リニア式鉄道への切り替えが検討されたという路線があり、この潮流はこれからも続くことが予想される（Ｐ１２６～Ｐ１２８参照）。

地下鉄というと、どこも通勤電車ばかりが頻繁に運転されているという印象があるが、近年になって、そのイメージを打ち破ったのが２００８（平成20）年3月から開始された、東京メトロ千代田線と小田急電鉄での直通運転だ。この運転には「小田急ロマンスカー」の一翼を担う６００００形「ＭＳＥ」を使用し、「メトロはこね」「メトロホームウェイ」といった列車名で、全席指定制の特急を運転。運転区間は北千住駅～箱根湯本駅・唐木田駅で、地下鉄線内を走る初めての指定席特急となった。地下鉄線内を走る特急としては、

長野電鉄1000系「ゆけむり」展望席。小田急時代とは違い全席自由席となっている

これまでにも臨時列車としての運行はあったものの、定期列車としては初の試み。その乗車率が大いに注目されたが、人気は上々で、北千住発の列車が地下鉄線内を走るうちに満席となる活況が続いている。

ところで、小田急ロマンスカーは前面展望ができることで知られるが、この小田急60000形は運転台が通常の位置にあり、先頭部に展望席は設けられていない。もし展望席から地下線の走行シーンを眺めければ、長野電鉄に行こう。長野電鉄1000系は元・小田急ロマンスカー10000形「HiSE」で、長野電鉄でも特急として運転されている。展望席も健在で、長野電鉄の地下線は、地下鉄ではないものの、それと変わらない雰囲気を楽しめる。

CHAPTER 1

06

日本初は銀座線ではなかった? 知られざる地下〝線〟の歴史

1927(昭和2)年の暮れもおし迫った12月30日。現在の東京メトロ銀座線の前身、東京地下鉄道が浅草駅〜上野駅間2・2㎞の営業運転を開始したのが、日本の地下鉄の始まりだ。次いで1933(昭和8)年5月には、大阪市が御堂筋《みどうすじ》線の梅田〜心斎橋間3・1㎞を開業。これが西日本初、そして日本で2番目の地下鉄だ。

しかし、日本で初めて都市部の地下にトンネルを掘り、線路を敷いて駅を設けたのは銀座線ではなかった。西日本でも同様で、初めて地下に線路を敷いたのは御堂筋線ではない。

日本で初めて都市部に地下の鉄道(地下線)を建設したのは、宮城県仙台市の私鉄だった。現在のJR仙石《せんせき》線の前身である宮城電気鉄道が1925(大正14)年に開業した仙台駅とその付近の線路が、日本で初めての本格的な「地下線」であるとされる。

宮城電鉄は国鉄(現・JR)の仙台駅から東へ向かい、日本三景として知られる松島付近を経て石巻市とを結ぶ路線として建設されたが、仙台の市街地は駅の西側に広がってい

『宮城電鉄沿線案内』より、宮城電鉄仙台駅ホームの様子（写真：仙台市歴史民族資料館）

たことから、同社は国鉄仙台駅の西側にターミナルを設けようと考えた。そのためには国鉄の線路をくぐる必要があったため、地下にトンネルを掘って駅を造ることにしたのだ。距離にしてわずか数百mではあったが、当時としては極めて画期的な出来事だった。

同社は第二次世界大戦中の１９４４（昭和19）年に国有化されて国鉄仙石線となる。そして１９５２（昭和27）年、仙石線用の仙台駅地上プラットホームが建設され、日本初の地下線は廃止されてしまった。仙石線は２０００（平成12）年に仙台駅付近の約３・２㎞を地下化しているが、これは宮城電鉄が建設した地下線とは関係がないし、やはり「地下鉄」と呼ばれることはない。

西日本にも昭和初期に地下〝線〟が開業

西日本で初めての地下線が開業したのは京都。といっても、京都市営地下鉄ではない。現在、大阪・梅田と京都の河原町を結んでいる阪急京都線の大宮〜西院《さいいん》間だ。この区間が開業したのは、御堂筋線よりも2年ほど早い1931（昭和6）年3月。地下線の延長は約2㎞で、日本初の地下鉄である銀座線の浅草駅〜上野駅間2・2㎞と比べても遜色のない本格的な地下鉄道だった。

阪急京都線は元々、京阪電鉄系列の新京阪鉄道が建設した路線で、地下線開業に先立つ1930（昭和5）年には京阪電鉄と合併し、京阪電鉄新京阪線となった。新京阪線は当時日本でもトップクラスの高速電車として知られていた鉄道で、インフラも最新の設備を誇っていたが、西日本初の地下線もその自慢の一つだったのだ。

地下線は京都市中心部を東西に貫く四条《しじょう》通の地下に建設され、工事は地上から地面を掘り下げる開削《かいさく》工法によって行われた。着工は1929（昭和4）年で、地下水位の高さなどに悩まされつつも約2年で開業にこぎつけた。当時最高レベルの技術を投入して建設された西日本初の地下線という歴史的価値の高さから、土木学会の選奨土木遺産にも認定されている。

CHAPTER 1

07

鉄道会社の一存では決められない地下鉄の計画から建設まで

都市部で会社勤めをしている人を、毎日憂鬱な気持ちにさせるのが通勤電車の混雑だろう。都会のラッシュは高度経済成長の時代ほどではなくなった。だが現在も、決して快適とはいい難い状態が続いている。このラッシュを緩和するには、どういう手段があるのか。最も効果が大きいのは鉄道の新線を建設することだ。鉄道の輸送力の大きさは、バス、乗用車の比ではなく、東京や大阪には、まだ幾つもの新線の建設計画が掲げられている。

それでは、こういった地下鉄の建設計画は、いったい誰によって決定されるのだろう。

その一翼となるのは、もちろん鉄道会社自身だ。鉄道会社が線路を敷設し、そこに列車を動かして運賃収入を得るという大原則は昔も今も変わりない。明治時代には、舶来の交通機関である鉄道の大きなポテンシャルが知れ渡るようになると、全国に鉄道を建設しようという動きが起こった。「鉄道建設ブーム」ともいえるものである。まだ鉄道のない地域の有力な人間が集まって鉄道会社を設立し、国に対して建設の申請を行う。これが認可となれば、建設工事が開始され、鉄道の運転が始まるという仕組みである。陸上交通が未発達だった時代に現れた鉄道は、人と物資をそれまでとは桁違いの速度で運ぶ夢のような交通機関だった。

計画が立案され、国が認可さえすれば、鉄道の建設が可能になるのがこの時代だった。その結果、大都市や、著名な神社仏閣などに複数の鉄道路線が集中することも少なくはなかった。とも倒れする可能性もあり、また時には何らかの利権を得ることだけを目的として、鉄道の建設計画の申請が行われることもあった。これでは、地域を健全なかたちで発展させることは難しい。当初から鉄道の建設は私有のものを認めず、国の手だけによって行うべきであるという説を強く主張する政治家もいた。その一人が井上勝。全国で鉄道の建設計画を進め「日本の鉄道の父」という異名もつけられた明治の政治家である。

しかし、最終的には、私有による鉄道の建設が認められることになった。全国の鉄道を一手に建設するほどの財政が、明治政府にはなかったのである。

自治体の認可には住民の同意も必須

鉄道の建設を計画する一翼が鉄道会社であるとして、もう一翼となっているのが国を頂点とする自治体である。国土交通省内に設置された交通政策審議会は国土交通大臣の諮問に応じて、交通政策の重要事項を調査審議し、答申をする使命をもっている。大規模な路線は複数の自治体にまたがって建設されることがほとんどなので、このような公的な組織によって計画が立案されなければ、あらゆる建設計画が頓挫してしまうことになりかねない。

その一方で、一つの都市内を走る短い路線であれば、自治体が主導となって建設計画が進められることがある。この場合でも、国土交通省の認可がなければ工事が着工されることはない。近年の例では、仙台市地下鉄東西線の建設に際して沿線住民の間で計画の推進か中止かについて意見が分かれ、首長の選挙が建設の是非を問う信任投票のかたちとなった。また、宇都宮市で計画されているLRT（Light Rail Transit＝路面電車に代表される軽量の都市旅客鉄道）の建設も、沿線住民の間でのコンセンサスが得られておらず、議論が重ねられている段階で、計画は進展していない。

そして地下鉄の建設計画を決定する上で、一般的な鉄道にはない大きな特質を一つ。出入口の階段をどちらに向けるのかだけでも大論争となることがしばしばあり、建設計画の推進を非常に慎重に進めなければならないのが地下鉄なのだという。人口が密集する地域に建設され、利用客の多い地下鉄ならではの逸話といえそうだ。

CHAPTER 1

08

〝地下〟鉄なのに地上区間がある三つの理由

中野駅から西船橋駅を結ぶ、全長30・8㎞の東京メトロ東西線。その名の通り、首都を東西に走る「地下鉄」だが、その東の端、西船橋駅までの13・8㎞では地上区間を進むことになる。地下鉄だというのに全線の40％以上が地上なのだ。過去には突風で脱線したこともあり、同線の事情を知らない人には驚きを呼ぶニュースとなった。

また、全長は２・１㎞と短いが、東京メトロ千代田線綾瀬駅から分岐して北綾瀬駅に向かう、通称「北綾瀬支線」にいたっては、そのすべてが地上の高架路線であり、綾瀬駅０番線というホームからワンマン車両がピストン運行を行っている。そのほかにも、東京では東京メトロ丸ノ内線・日比谷線などで、地下鉄が地上を走っている。

この奇妙な状況はほかにもいくつも挙げられる。札幌市営地下鉄南北線、仙台市地下鉄南北線、名古屋市営地下鉄東山線、大阪市営地下鉄御堂筋線・中央線、福岡市地下鉄箱崎線などでも同じ状況が見られる。中でも、神戸市営地下鉄西神《せいしん》延伸線は極端で、ほとんどすべてが地上区間なうえ、近くを走る山陽新幹線よりも高い位置を走行している。

駅に目を転じてみよう。数ある地上駅の中でも、東京メトロ日比谷線の北千住駅が位置するのは地上14・4mだ。そこでは、階下のＪＲとつくばエクスプレスを越え、地下鉄が3階から発着するという、なんとも味わい深い逆転構造が楽しめる。

地下鉄は意外と地上を走っている。では、その理由は何なのか。

カギは地形と車両基地そして相互接続

一つ目は地形。軟弱な地盤では、そもそもトンネル掘削が困難である。その代表的な例は都営新宿線東大島《ひがしおおしま》駅から船堀《ふなぼり》駅の間の海抜ゼロメートル地帯だ。放水のための人工河川である荒川や旧江戸川のような多くの川に囲まれていて、地下空間の確保が非常に難しい。それを象徴するかのように、東大島駅は川の上に建てられている。

また、起伏のある谷の地形でも地下鉄車両が顔を出す。地形に沿ってトンネルを掘ることで生まれる急勾配にあえて挑む必要はないという考え方だ。東京メトロ丸ノ内線の四ツ谷駅や茗荷谷《みょうがだに》駅、銀座線の渋谷駅など、谷のつく駅名には注目だ。

二つ目は車両基地。地下鉄といっても、その車両基地の大半は地上にある。そのため車

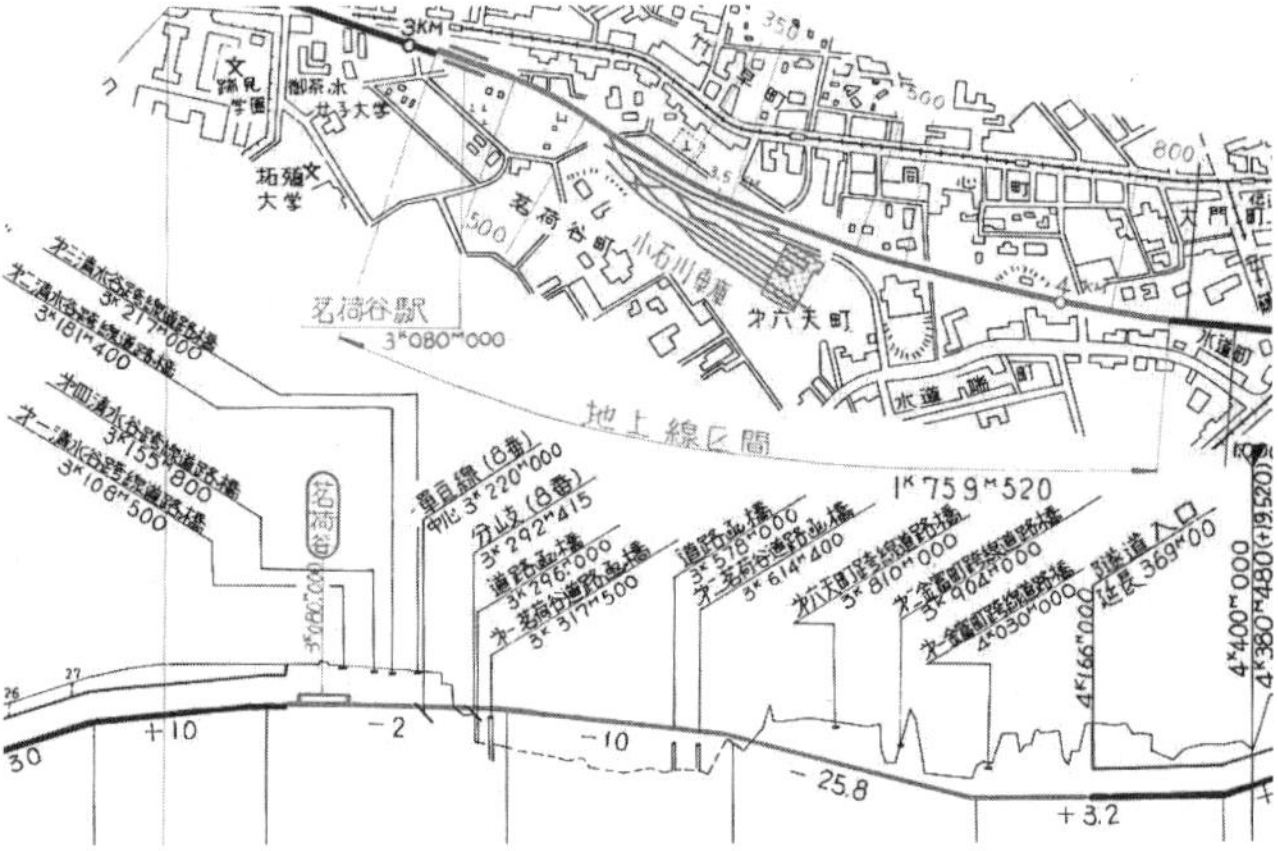

東京メトロ丸ノ内線、茗荷谷駅付近の地上区間（『東京地下鉄丸ノ内線建設史』より）

両基地が隣接する駅に向かって走るとき、地下鉄はおのずと地上を目指す。前述の北綾瀬支線もこのパターンであり、車両基地である綾瀬検車区が仕事を終えた地下鉄を待っている。そもそも、車両基地のあるような路線の末端部分では、都市の中心と比較すると用地の確保もしやすい。乱暴にいってしまえば、わざわざ地下を走る理由も薄くなるのだ。

そして三つ目が、既存の地上を走る鉄道との相互直通。東京メトロ東西線は、ＪＲに乗り入れるために中野駅の手前でそっと顔を出す。距離こそ短いが、接続のための準備運動をするかのように、地上に出ざるを得ないというこのパターンは多いのだ。地上を走る地下鉄を見かけたら、そういった事情を考えてみるのも楽しい。

CHAPTER 1

09

引退したらどこへゆく？第2の人生を送る車両

鉄道車両の耐用年数は、税制上は13年（電車の場合）、実際の設計では20年〜30年の使用を想定して作られている。そうすると、気になるのは現役を引退した車両のゆくえだ。そもそも地下鉄は歴史が浅い路線も多く、地方都市の地下鉄は開業から30年程度しか経過していないこともあり、開業当時の車両が現役で走っているというケースが少なくない。それでも後継形式登場の影響などにより、引退を余儀なくされる車両は確実に存在する。

原形をほぼ維持したまま走るのは熊本電気鉄道に渡った元東京メトロ銀座線01系だ。見慣れてい

くまモンのラッピングが施された元東京メトロ01系車両
（写真：2010熊本県くまモン）

ればすぐに元地下鉄車両だとわかるほどの原形そのままの姿だが、先頭車両同士をつなげた2両編成と、コンパクトになった。地下鉄時代とは軌間（レールの間隔）や集電方法が異なるため、台車を交換し、台車脇にあった集電装置を屋根上に変更。2015（平成27）年から上熊本駅〜北熊本駅間を走行している。ちなみに、車輪は元東京メトロ千代田線6000系のものを使用。足元にも注目してみよう。

通常の枠に収まらない活躍を見せたのは銚子電気鉄道に渡った元営団地下鉄銀座線100形。1994（平成6）年に譲渡され、銚子名物であるキャベツ畑の中を走っていたが、1996（平成8）年に日本テレビの人気番組「ザ！鉄腕！DASH!!」内での企画、「乾電池で電車はどこまで走れるのか？」に出演。動力源を乾電池のみに頼り、2・2㎞を走り抜ける勇姿が全国に放送された。新たな車両の導入により、2016（平成28）年2月には引退。引退前数年間は、1両が営団地下鉄時代の銀座線カラーである黄色に、もう1両は丸ノ内線カラーに塗り直され、多くのファンが訪れた。愛のある鉄道会社や利用者に囲まれ、充実した余生を過ごした車両だったといえよう。

そのほかにも、元名古屋市営地下鉄名城線1100形・1200形がワンマン化や客用ドアなどの改造を経て福井鉄道で、元名古屋市営地下鉄東山線300形がパンタグラフや内装の大幅な改造を経て高松琴平電鉄でなど、地方で活躍する引退車両はまだまだある。

海を渡って活躍する引退車両も

南米、アルゼンチン共和国の首都ブエノスアイレス市の地下鉄を走るのは元営団地下鉄丸ノ内線300形、500形、900形という、300形一族だ。ほぼ原形を維持し、電装品が三菱電機製であることから現地では「ミツビシ」と呼ばれ、市民の足として現役を続行している。また、元名古屋市営地下鉄東山線の250形・300形、5000形、名城線の1200形もパンタグラフ取り付けなどの改造を経て現地入り。網棚のない特徴的な内装にはあまり手が加えられておらず、天井に設置されたファンの中央には名古屋市営地下鉄のロゴもそのままだ。「禁煙」などの表記も維持され、「連結部に立ち止まらないようにして下さい」と日本語で呼びかけている。元丸ノ内線車両は引退が始まっているが、元名古屋市営地下鉄車両の活躍はまだまだ続きそうだ。

インドネシア共和国の首都ジャカルタには、元都営地下鉄三田線6000形、元東京メトロ東西線5000系、05系、有楽町線7000系、千代田線6000系が渡った。軌間や電圧などの規格がほとんど変わらないという優位性もあり、大量の引退車両が活躍して

インドネシアで走る都営地下鉄6000系（写真：Faris Fadhli CC BY-SA 3.0）

いる。同じくジャカルタに譲渡された元JR103系や東急8500系とともに、元地下、元地上の垣根を越えて、ともに頑張る姿が印象的だ。

なぜ、このように外国で活躍する日本の地下鉄車両が多いのかというと、日本の地下鉄は現役時に厳しいメンテナンスを受けているうえ、丁寧な使用により劣化が少ない。ブエノスアイレスに渡ったある車両などは、譲渡された後、約20年も走った。また、エアコンなどの内装も充実しており、発展途上国を中心に引き取り手は多いのだ。

新天地で頑張る地下鉄車両を見る際には、その姿を懐かしむとともに、改造部分にも目を向けてみよう。

CHAPTER 1

10

日本最深&最高はどこ?
路線と駅の高低を探る

路線によって駅の深さが異なる地下鉄。地上から階段ですぐにホームに降りられる東京メトロ銀座線のような路線もあれば、延々とエスカレーターに乗らなければならない都営地下鉄大江戸線のような路線や、「地下鉄」といっても高架区間が長い東京メトロ東西線のような路線もある。

今のところ、日本で最も深い地下鉄の駅は都営地下鉄大江戸線の六本木駅で、ホームが地下42・3mの深さにある。同駅は2層構造になっているため、より正確には1番線（大門・両国方面）が日本で最も深い位置にある地下鉄の駅ということになる。1番線ホームから改札まではエスカレーターなら3回、エレベーターなら2回乗り継ぎが必要。地上へはさらに階段かエスカレーターを上ることになる。駅でなくトンネルの深さでも一番は大江戸線だ。飯田橋駅〜春日駅間では、トンネル部の最大深度が六本木駅よりさらに深い地下49mとなっている。

大江戸線の六本木駅が開業したのは2000（平成12）年12月。それまで長らくの間、国内で最も深い位置にあったのは営団地下鉄千代田線の国会議事堂前駅の地下37・9mだったが、この記録を28年ぶりに塗り替えた。現在でも、国会議事堂前駅は日本で2番目に深い地下鉄駅だ。これに次いで深いのが南北線の後楽園駅で、地下37・5m。同駅は丸ノ内線との乗り換え駅だが、丸ノ内線の駅は高架線にある。両線の駅は高低差が41mもあり、乗り換えの垂直距離では東京の地下鉄でも最大だ。

だが、「深さ」には様々な測り方があり、これまでの数値は地表面からの深さを測ったもの。海抜で表すと、また違った結果が見えてくる。地表面から深さ42・3mの大江戸線六本木駅も、海抜ではマイナス11mとそれほど深くない。これは六本木周辺がやや小高い丘となっているためだ。

海抜で見た場合に最も深い駅は東京メトロ半蔵門線の住吉駅で、海抜マイナス33m。同駅は高さが海抜1mに満たない低地に位置しているため、地上からの深さでは六本木駅や国会議事堂前駅に負けるものの、海抜ではこれらの駅よりもはるかに深い位置となるわけだ。利用する場合に「深い」と感じるのは地上からの深さだが、本当の意味で地下深くにある駅は海面よりも33m深い住吉駅ということになる。海抜をベースにした場合は、トンネルの深さでも大江戸線を上回る路線があり、東京臨海高速鉄道（りんかい線）の大井町駅〜品川シーサイド駅間にマイナス43・7mの区間が存在する。

世界に目を転じると、さらに地下深くにある駅も存在する。今のところ、世界で最も深い場所にある駅は、ウクライナの首都・キエフ地下鉄1号線のアルセナリナーヤ駅で、深さはなんと105・5m。開業したのは1960（昭和35）年で、以来、ずっと世界最深の地下鉄駅の地位を保ち続けている。地上まではエスカレーターで約5分かかり、世界最長クラスのエスカレーターが設置されている。2位は北朝鮮の平壌地下鉄千里馬線にある復興駅で、深さは100m。同市の地下鉄は核シェルターとしての役割も果たすよう、地下深くに造られたといわれており、最深部は地下150mに達するともいう。

日本一高い地下鉄駅が最新路線で誕生

現在、日本で一番高い位置にある地下鉄の駅は、2015（平成27）年12月に開業した国内で最も新しい地下鉄、仙台市地下鉄東西線の八木山動物公園駅で、レール面が標高134・6mとなっている。同駅は地下駅だが、なぜこれほど高い場所にあるかといえば、青葉山と呼ばれる丘陵地帯の「八木山」に位置するためだ。

日本一標高の高い地下鉄駅・八木山動物公園駅。天井のデザインは、八木山から望む青い空と雲をイメージしている

同駅は市や地元が設計段階から「日本一標高の高い地下鉄駅」として地域の活性化に役立てようと活動しており、開業前の段階で、日本地下鉄協会に高さ日本一の認定を依頼。無事お墨付きを得て、今では、広く知られる存在となっている。駅の上に建つ立体駐車場の屋上は「八木山てっぺんひろば」と呼ばれる展望スペースとなっており、「日本一標高の高い地下鉄駅」と書かれた説明もある。

国内で2番目に高い位置にあるのは神戸市営地下鉄西神・山手線の総合運動公園駅で、標高103m。同駅の開業は1985（昭和60）年で、約30年の間、日本で一番高い場所にある地下鉄駅だった。こちらも丘陵地帯にある駅だが、地下ではなく掘割構造となっている。

CHAPTER 1

11

利用者数トップはどこ？ 全国路線別乗客数ランキング

毎日、大勢の人々の足となっている地下鉄。特に、東京や大阪といった大都市圏では、多くの路線で8両や10両編成の電車がひっきりなしに行き交っている。

国土交通省の２０１５（平成27）年度のデータによると、全国で最も輸送人員が多いのは東京メトロ東西線で、１日あたり１４０万６０００人。１路線だけで名古屋市営地下鉄の6路線合計（１２３万７０００人）をはるかに上回る。同線は都心部の足であるだけでなく、都心と江東区や江戸川区といった都内東部や、浦安市、市川市など、千葉県北西部のベッドタウンを直結する郊外路線としての性格を併せもっていることが、利用者数の多さに結びついている。

２位は東京メトロ丸ノ内線の１２８万１０００人。短い6両編成の電車だが、本数の多さで大量の利用者をさばいている。３位も同じく東京メトロの千代田線で１２１万１００人、４位も東京メトロで、日比谷線の１１５万８０００人だ。

ここまで東京勢が続いてきたが、5位は大阪市営地下鉄御堂筋線で115万7000人。大阪の地下鉄全体の輸送人員は233万5000人なので、実に、1路線だけで全体の約48％を運んでいることになり、断トツのドル箱路線といえる。東京以外で1日の輸送人員が100万人を超えるのも同線だけだ。輸送人員の多い上位5路線のうち、4路線を東京メトロが占めていることになる。

東京メトロ東西線は混雑率でもトップ

実際に利用する際に気になるのは混雑率だ。2014（平成26）年度のデータによると、1位は輸送人員でもトップの東京メトロ東西線。朝のラッシュピーク時、木場駅〜門前仲町駅間の混雑率は200％に達する。定員乗車は、座席が埋まり、それぞれのつり革や柱に乗客がつかまっている程度。その倍の200％となると、かなりの圧迫感があり、週刊誌がギリギリ読めるくらいの混雑だ。これは地下鉄だけでなく全国の鉄道で1位であり、東京メトロでは混雑緩和に向けた増発のための改良工事などに取り組んでいる。

2位は東京メトロ千代田線（町屋駅〜日暮里駅間）の178％、3位は輸送人員ではトップ5に入っていない半蔵門線（渋谷駅〜表参道駅間）の172％。4位は丸ノ内線

●路線ごとの利用者ランキング

順位	事業者名	路線名	1日あたりの乗車人員
1	東京メトロ	東西線	140万6000人
2	東京メトロ	丸ノ内線	128万1000人
3	東京メトロ	千代田線	121万1000人
4	東京メトロ	日比谷線	115万8000人
5	大阪市	御堂筋線	115万7000人
6	東京メトロ	銀座線	108万7000人
7	東京メトロ	有楽町線	107万6000人
8	東京メトロ	半蔵門線	99万8000人
9	東京都	大江戸線	91万4000人
10	東京都	新宿線	72万5000人

国土交通省鉄道局資料より。2015（平成27）年の数字

（四ツ谷駅～赤坂見附駅間）、有楽町線（東池袋駅～護国寺駅間）がともに160％で、上位5路線はすべて東京メトロの路線だ。

一方、輸送人員で4位の大阪市営地下鉄御堂筋線はというと、こちらは最も混雑する梅田駅～淀屋橋《よどやばし》駅間でも142％。かつては200％を超える混雑率だったこともある同線だが、全列車の10両編成化を達成してからは、比較的落ち着いた数値になっている。

逆に、ラッシュ時の混雑率が全国で最も低い地下鉄は、大阪市営地下鉄の今里筋線。鴫野《しぎの》駅～緑橋駅間で76％、鴫野駅～蒲生《がもう》四丁目駅間が68％と、いずれも100％未満。東京の東西線や千代田線で通勤している人から見れば、羨望の路線といえるかもしれない。

71S特急
10121

7129

CHAPTER

2

地下鉄の設計・建設

地下を「掘る」最新技術に迫る

CHAPTER 2

01

川を埋めたり土を凍らせたり 地下鉄トンネルならではの工法

真っ暗なトンネルが続く地下鉄の車窓。でもよく見ると、路線によってはトンネルの断面が円形だったり、四角だったりと、ところどころで変わっていることに気づくだろう。地下鉄のトンネルを建設する方法は様々で、形にもその特徴が現れている。

地上から土を掘り返し、トンネルを造ってから埋め戻す方法は「開削工法」と呼ばれ、地下鉄を建設する際の最も基本的な歴史ある工法。地上から掘り下げるため、地下の浅い部分にトンネルを建設する際に使われ、東京メトロ銀座線や大阪市営地下鉄御堂筋線など、歴史の長い地下鉄は主にこの工法で造られた。

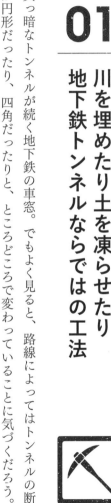

開削工法では、まずトンネルを掘る部分の両側に杭を打ち、地盤が崩れることを防ぐ「土《ど》留《ど》め」を行ってから、トンネル部分の掘削を進める。掘削の後にコンクリートでトンネルを構築し、その後に埋め戻せば完成だ。

この工法では、地上の道路などが通れる状態を維持しなくてはならない。そこで、ある程度掘ったところで、地下に支えを組んで鉄板などで「覆工《ふっこう》」と呼ばれるフタをする。地下鉄に限らず、道路工事などで鉄板が並べてある様子を見たことのある人は多いだろう。地下の浅い部分であれば工期が短くすみ、コストも低く抑えられる開削工法だが、地上の交通に大きな影響をおよぼすところが難点だ。

また、「山岳工法」というものもある。掘削機や人力で掘り進め、掘った部分は木材や鋼材の支保工により崩落しないように支えてから、トンネルの側壁を作る。その名の通り山岳トンネルに適しているが、東京メトロ銀座線、三越前駅～日本橋駅間の日本橋川の下の区間などもこの工法で作られている。

最近の主流となっているのは「シールド工法」。円筒形のシールドマシンと呼ばれる機械で地下を掘り進んでいく方法で、地上からはシールドマシンを地下に降ろす部分に「立《たて》坑《こう》」と呼ばれる穴を掘るだけですむ。地下鉄工事の場合は、開削工法で建設した駅の部分にシールドマシンを降ろし、掘り進めるのが一般的だ。

シールドマシンの先頭でトンネルを掘ってゆくのと同時に、後方では、周辺の地盤が崩れないよう、コンクリートや鋼鉄などでできた「セグメント」と呼ばれる部品を組み立てて壁を造っていく。このため、地盤が柔らかいところでトンネルを掘るのにも向いている。

丸ノ内線国会議事堂付近の工事でルーフシールドを採用。当時世界最大の規模だった（『東京地下鉄丸ノ内線建設史』より）

マシンが円筒形のため、トンネルの断面も円形になる。この工法の特徴をよく表しているのが、ロンドンの地下鉄のうち、地下深い部分を走る「チューブ」と呼ばれる路線で、電車の形もトンネル断面に合わせて円くなっている。

日本の地下鉄で初めてシールド工法を採用したのは、1957（昭和32）年に営団地下鉄の丸ノ内線霞ケ関駅〜赤坂見附駅間の約231m。この時に使われたのは、半円形の「ルーフシールド」と呼ばれる工法で、掘削しながらその場でコンクリートを打ち、断面が半円形となるトンネルを構築する。現在一般的な、円形シールドとセグメントによる工法が日本の地下鉄で採用されたのは、1960（昭和35）年の名古屋市営地下鉄のトンネル工事が初だ。現在では、

●開削工法とシールド工法

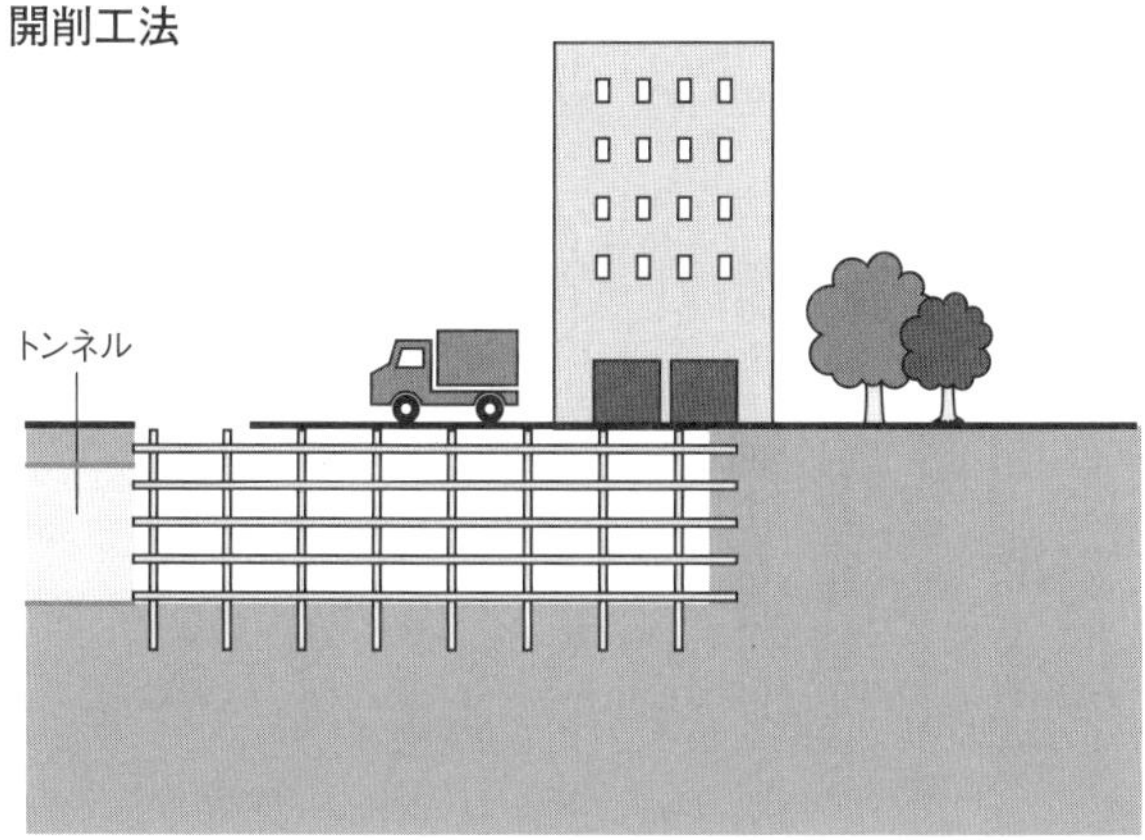

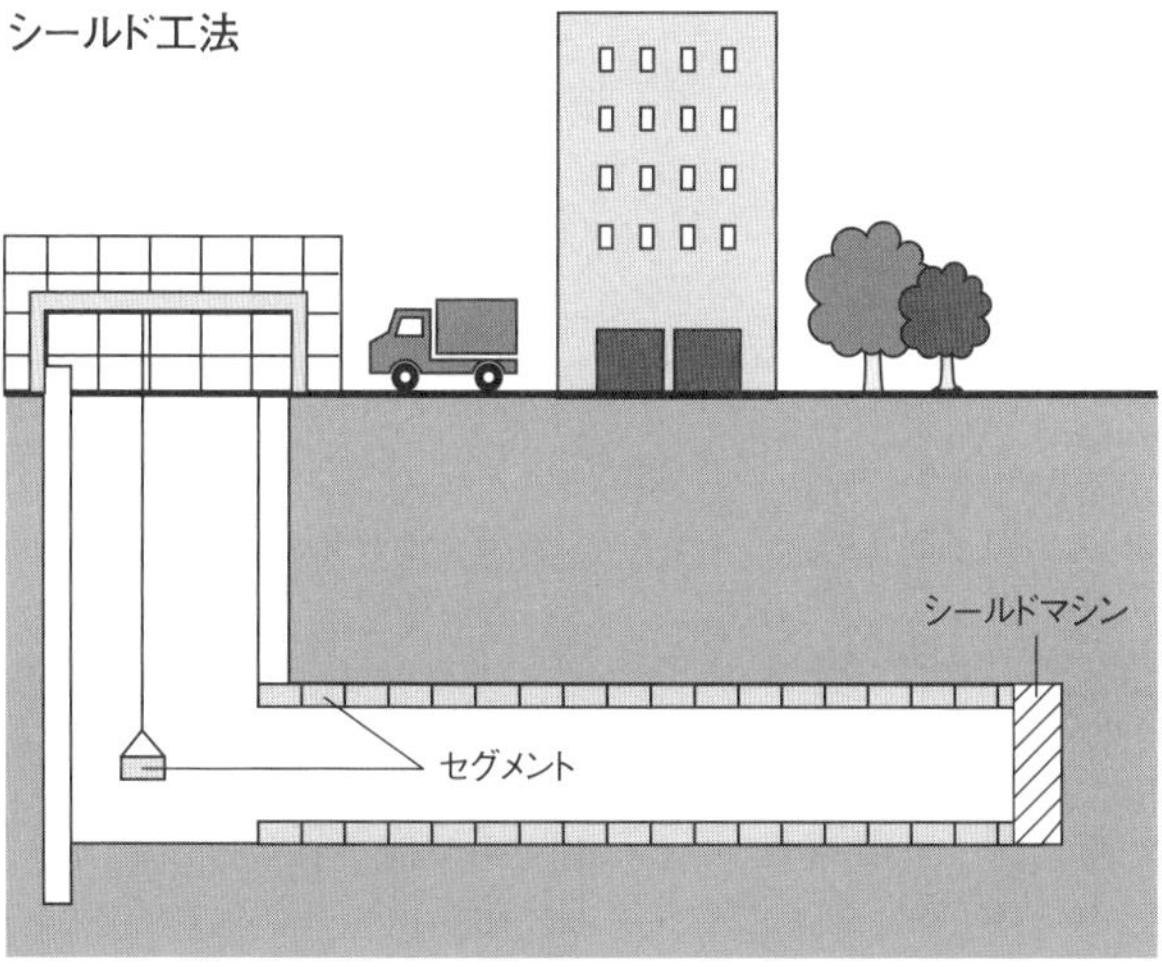

円の上下を潰したような複合円形シールドマシンを使用したりして、楕円形のトンネルを掘ることも可能になっている。

軟弱地盤に対処する驚きの工法

以上の二つが地下鉄を建設する際の主な工法だが、このほかにも工法がある。川底を横断するトンネルの建設でよく使われるのが「潜函《せんかん》工法」や「沈埋《ちんまい》工法」だ。これらは簡単にいうと、地上で造ったトンネルを沈めるという工法。潜函工法では、まず川の一部を埋め立てて工事用の人工島を造り、その上にトンネルとなる「函」を置き、この下を掘削して沈めていく。沈埋工法はもっと大胆で、地上で造ったトンネルを川底に掘った穴にクレーンなどで沈め、土を被せて埋め戻すという方法。

さらに驚きの工法もある。「凍結工法」だ。地面にパイプを埋め、その中に冷却液を流して土を凍らせて掘削する工法で、地下鉄では1968（昭和43）年の都営地下鉄三田線・三田駅〜大門駅間で初めて採用された。特に大規模に使われたのは、都営地下鉄新宿線と東京メトロ半蔵門線が並走する九段下駅近くの日本橋川周辺で、なんと3万7700㎥もの土を凍らせてトンネルを掘るという難工事だった。地下鉄は努力と工夫の結晶なのだ。

CHAPTER 2

02

駅はどうやってできる？工法によって違う構造

地下鉄のトンネルの掘り方には、現在、開削工法とシールド工法の2種類が主流であることは既に述べた（P52～P56参照）。開削工法は古くからある方式で、比較的新しい地下鉄はシールド工法で掘られている。では、地下鉄の駅も同様かというと、事情は少し異なる。

開削工法で地下鉄を造っていた頃の駅は、もちろんトンネルと同様に開削工法でできている。しかし、シールド工法が主流になってからも、駅に関しては開削工法が使われることが多い。シールド工法は、長いトンネルを掘り進めるのには便利だが、駅のような広い敷地面積を掘り進めるのには不向きなためだ。

一例を挙げると、2006（平成18）年12月に開業した大阪市営地下鉄今里筋線（第8号線）は、駅は開削工法、トンネルはシールド工法で造られている。一連の工事の模様は、大阪市交通局ホームページ『地下鉄の建設方法』にわかりやすい解説があり、建設中の写真なども見ることができる。

それによれば、まず工事の用地を確保したあと、開削工法によって駅の構造物を造る。その後、シールドマシンを駅に搬入して組み立て、次の駅までトンネルを掘る。次の駅に到着すると、Uターンしてまたトンネルを掘りながら元の駅に帰る。そうして、上下線2本のトンネルができ上がるのだ。

トンネルを掘ったあとに、トンネル内に線路を敷く。エスカレーターやエレベーター、改札などの駅施設を設置するのはその次の段階だ。最後に、塗装などの仕上げ工事をして、ようやく地下鉄は完成する。

シールド工法による駅の造り方は3種類

東京メトロでも、シールド工法の普及後も多くの駅が開削工法で造られている。だが、地中深くの駅など、シールド工法でできている駅も少数ながら存在する。

日本で初めてシールド工法で建設された駅である東西線の木場駅は、並行する2本のシールドトンネルそれぞれの内側にホームが設置されている。こうした駅の造り方を「単線シールド」という。千代田線の新御茶ノ水駅の場合は、上下線2本のシールドトンネルがつなげられ、間にホームが造られている。断面の形状から、「めがね型シールド」と呼ば

●シールド工法による駅の作り方

単線シールド（木場駅）

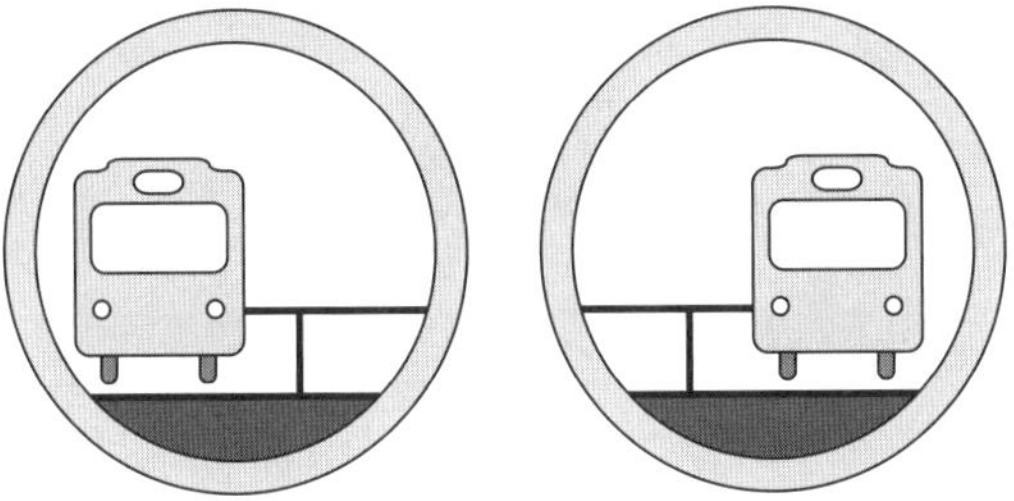

めがね型シールド（新御茶ノ水駅）

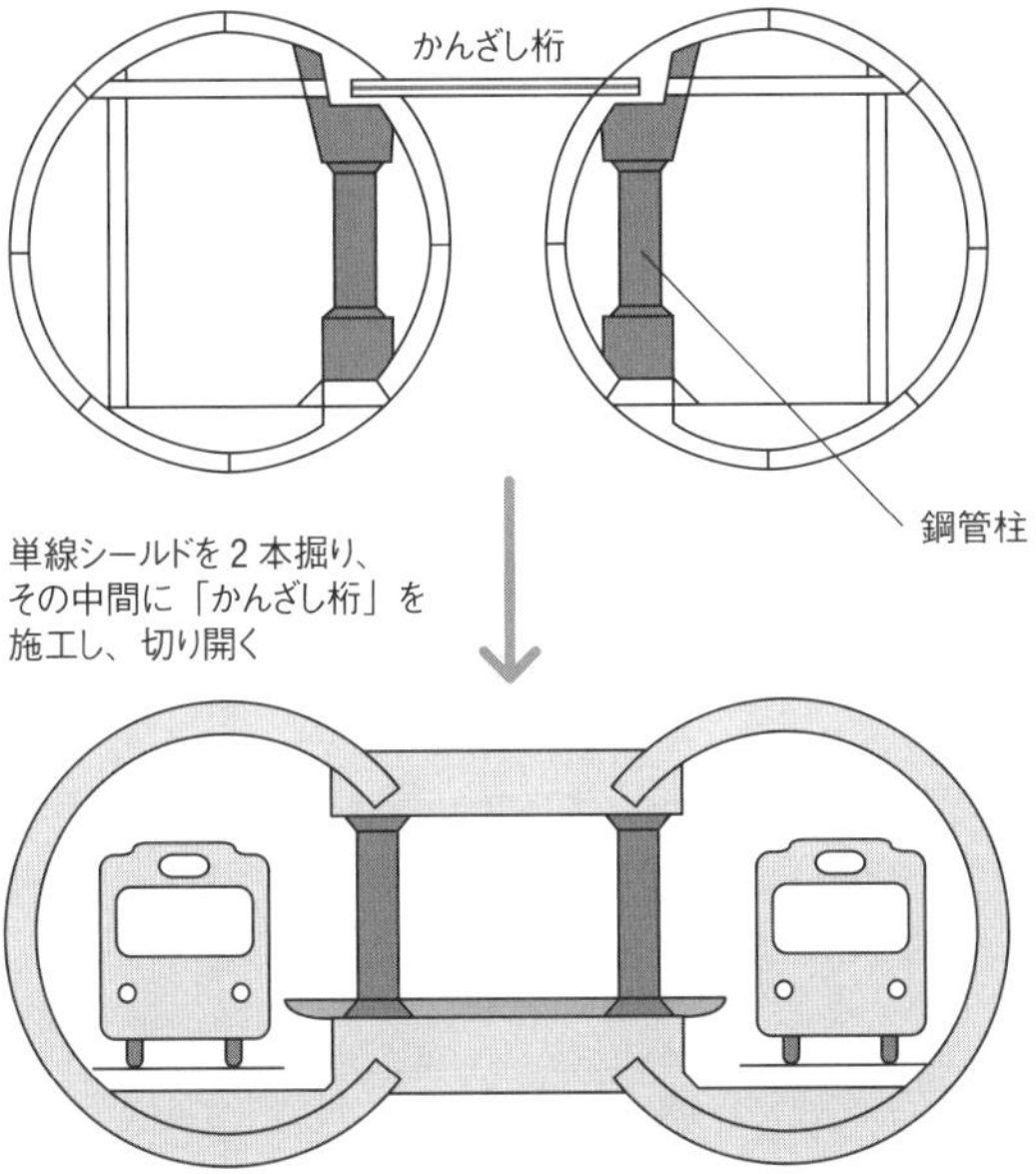
かんざし桁
鋼管柱
単線シールドを２本掘り、
その中間に「かんざし桁」を
施工し、切り開く

三連シールド（清澄白河駅）

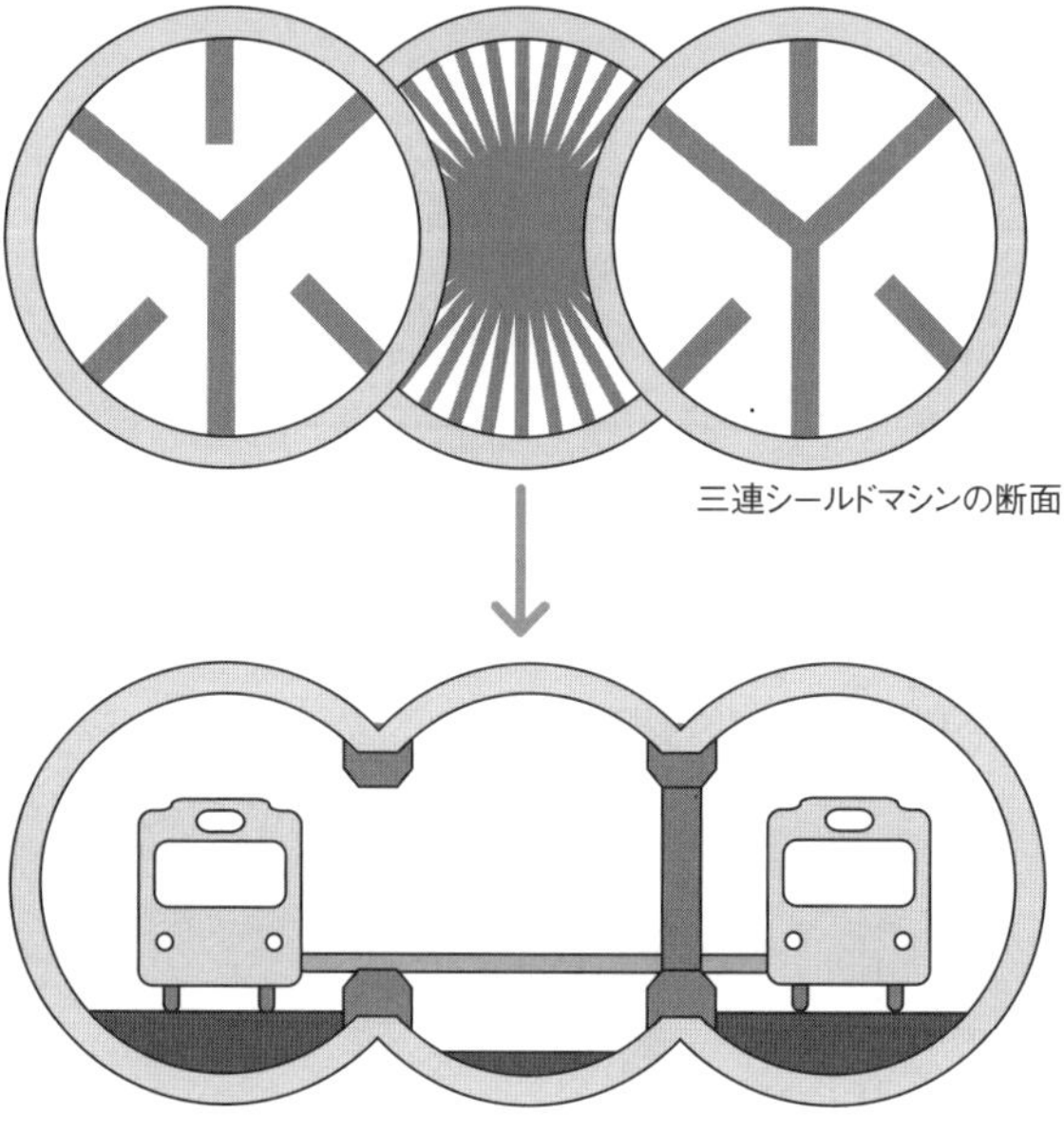

れる。半蔵門線の清澄白河駅は、2本のシールドトンネルの間にあるホームの部分も含め、三つのシールドをつなげて掘削したものだ。こうした工法は「三連シールド」と呼ばれている。

開削工法でできた駅は壁面がまっすぐな箱状になっているのに対し、右のようなシールド工法でできた駅は外側の壁が曲面になっていることで見分けがつく。普段利用する駅はどうやってできているのか、電車を待つ間に観察してみても面白いだろう。

CHAPTER 2

03 将来もまだまだ伸びる？最新の延伸・新路線計画

全国各地で一段落した地下鉄の建設計画。現在、国内で最新の地下鉄路線は2015（平成27）年12月に開業した仙台市地下鉄東西線で、この先に具体化している地下鉄の新路線計画はなく、同線が「国内最後の地下鉄新線」になるという見方もある。だが、構想段階の地下鉄計画はまだ存在している。

既存路線の延伸ではなく、まったくの新路線計画として注目されるのは東京の3路線。京成押上線の押上駅から東京駅付近を経て京浜急行線の泉岳寺《せんがくじ》駅を結ぶ「都心直結線」、東京の臨海部と銀座付近を結ぶ「都心部・臨海地域地下鉄構想」、品川駅と白金高輪《しろかねたかなわ》駅を結ぶ「都心部・品川地下鉄構想」だ。

これらの路線はいずれも、国土交通省・交通政策審議会の小委員会が2016（平成28）年4月にとりまとめた、今後の首都圏の鉄道網整備の指針となる答申に「国際競争力の強化に資する鉄道ネットワークのプロジェクト」として記載されているものだ。つまり、整備の効果が高いと認識されている路線だといえる。

「都心直結線」は、現在都営地下鉄浅草線が結んでいる京成押上線と京急線の間をショートカットし、さらに東京駅付近に新駅を設けることによって、成田空港や羽田空港へのアクセスを向上させようという計画だ。路線の距離は約11㎞。同線が開業すれば、新東京駅から羽田空港まで18分、成田空港へは36分で結ばれ、羽田空港〜成田空港間の所要時間も約1時間となる。だが、都心部に新たな地下鉄を建設することになるため、コストはかさむ。総事業費は4400億円と見積もられており、ほかにも存在する羽田空港アクセスの新路線計画との兼ね合いなどが課題となる。

「都心部・臨海地域地下鉄構想」は、東京臨海部の国際展示場付近と銀座付近を結ぶ約4・8㎞の新路線計画だ。人口の急増が続いているものの、地下鉄網からやや外れている臨海地域と都心を直結するルートとして、東京都中央区が推進してきた。答申では、現在秋葉原駅とつくば駅を結んでいる「つくばエクスプレス（TX）」を東京駅まで延伸し、同線との乗り入れを行う一体整備の案が示されている。こちらも課題は採算性だ。黒字転換には地下鉄単独の場合で30年以上、TXと乗り入れる場合でも18〜19年かかると予想されており、今後のさらなる検討が必要とされている。

「都心部・品川地下鉄構想」は、品川駅と白金高輪駅を結ぶ約2㎞の計画だ。リニア中央新幹線のターミナルとなる品川駅と六本木などとのアクセスを向上させることが目的となっている。品川駅にはこれまで地下鉄が乗り入れておらず、大規模再開発によって様変わりすることが予想される同地区の発展に、大きく寄与することが期待される。東京メトロ南北線の白金高輪駅から分岐する形が有力視されているが、都心直結線や臨海地域地下鉄と比べてもまだ構想レベルといった段階の路線であり、今後の計画進展がどうなるか注目だ。

着工中は全国で1路線のみ

大阪にも地下鉄の新線計画が存在する。四つ橋線の住之江公園駅と谷町線の喜連瓜破《きれうりわり》駅を結ぶ「敷津長吉《しきつながよし》線」だ。距離は約6・9㎞で、駅は7カ所に設置。大阪市南部の東西を結ぶルートとして計画されている。

だが、同線の新設やほかの路線延伸など市営地下鉄4路線の事業化については、2014（平成26）年に大阪市の審議会が「事業化は極めて厳しい」と答申しており、現状では新路線が実現する可能性はかなり薄そうだ。

●東京の延伸計画

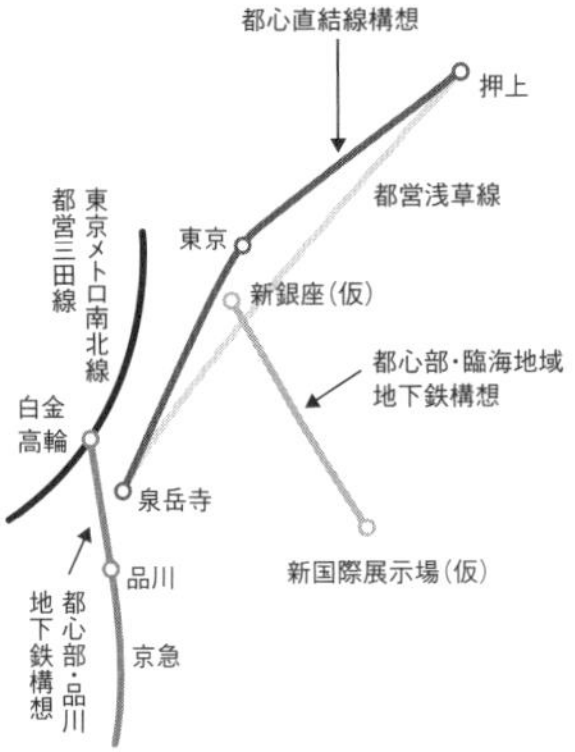

●福岡市地下鉄路線図

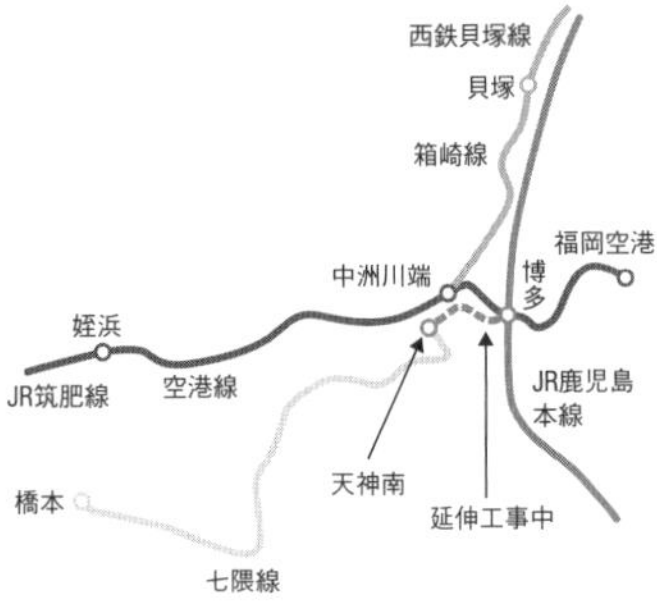

既存の路線を延ばす構想についてはこのほかにも各地で存在し、比較的可能性が高そうな路線としては、横浜市営地下鉄ブルーラインのあざみ野駅～新《しん》百合ケ丘《ゆりがおか》駅間の延伸計画などが挙げられる。だが、現在実際に工事が行われているのは福岡市地下鉄七《なな》隈《くま》線の延伸のみだ。

同線は２００５（平成17）年に橋本駅～天神南《てんじんみなみ》駅間が開業し、現在は天神南駅から先、ＪＲ線と接続する博多駅まで約１・４㎞の延伸が進められている。２０１３（平成25）年に着工し、建設費は約４５０億円。開業は２０２０（平成32）年度を予定している。現在のところ、七隈線の利用者数は伸び悩んでいるが、博多駅に直結することで利便性が大きく向上し、乗客数の増加につながることが期待されている。

CHAPTER 2

04

終戦直後の東京で大手私鉄が地下鉄を造る計画があった！

東京メトロ・都営地下鉄を合わせて計13路線が走る東京の地下鉄網。だが、この姿は地下鉄建設が始まった当初から決まっていたわけではなく、時代の流れに応じて次第に修正されながら生まれたものだ。実際、終戦直後から１９５５（昭和30）年頃までに描かれた地下鉄の未来図は、今の路線網とはだいぶ異なっていた。もしかしたら、現在のような私鉄と地下鉄の相互乗り入れではなく、私鉄の路線そのものが都心部に地下鉄として乗り入れていた可能性もあったのだ。

戦後の東京の地下鉄計画は、空襲で被災した全国の都市を復興することを目的に国が設置した「戦災復興院」が１９４６（昭和21）年に計画した「都市計画高速鉄道網」が始まりだ。これは５路線・計１０１・６㎞からなる路線網のプランで、その後の地下鉄計画もこの案を下敷きに発展していくことになる。地下鉄の整備は、復興にも大きな意味を持っていた。

だが、東京の地下鉄建設・運営を一手に引き受ける組織として戦時体制の中で発足した営団を解体するか否かの議論が浮上する中、1948（昭和23）年から1955（昭和30）年にかけて、首都圏の大手私鉄各社は山手線の内側に乗り入れる地下鉄の路線免許を相次いで申請した。営団解体の折には、自らの手で都心への乗り入れを果たそうとしたのだ。

営団解体の危機と乱立した地下鉄計画

この時申請された主な路線は、東急が中目黒駅〜東京駅間と渋谷駅〜新宿駅間、小田急が南新宿駅〜東京駅間、京浜急行が品川駅〜東京駅間、京成が押上駅〜有楽町駅間、京王が角筈二丁目駅〜両国駅間と富士見ヶ丘駅〜新宿駅間、東武が北千住駅〜新橋駅間だった。

しかし、営団地下鉄が戦後すぐに解体されていたとしても、これらの路線の実現可能性は低かっただろう。地下鉄建設には莫大な費用がかかり、民間企業である私鉄が単独で行うには規模が大きすぎるため、当時から実現可能性には疑問符が付いていたのだ。また、同時期には東京都も地下鉄路線の免許を申請しており、あちこちでバラバラに地下鉄計画が進められる状況となった。

戦後の復興が進み、都心部の公共交通は深刻な混雑に悩まされるようになった。そんななか、このまま調整や連携が行われないままでは、東京の地下鉄建設計画が収拾のつかない状態となってしまう。そこで運輸省（現・国土交通省）は1955（昭和30）年、計画的な鉄道の整備指針を諮問する機関として「都市交通審議会」を設置。同審議会に路線網の基本計画を諮《はか》ることにした。

そして1956（昭和31）年8月に出されたのが「都市交通審議会答申第1号」だ。ここでは、それまで東京の地下鉄建設・運営を独占的に担うとしてきた営団地下鉄以外に、東京都にも地下鉄の建設を認め、さらに地下鉄と周辺の郊外私鉄との乗り入れを行うことが示された。この際、それまでに私鉄各社が申請していた都心への直通運転の免許は、運輸省の指示によって取り下げられることとなった。東京の地下鉄を特徴づける「相互直通運転」の原型がここに生まれたのだ。

東京の地下鉄計画はその後も少しずつ形を変えながら現在の路線網を形成していくが、もし私鉄が都心部に地下鉄を建設していたら、東京の鉄道網は現在とはだいぶ違った様相を示していたに違いない。

CHAPTER 2

05

路線・事業者によりこんなに違う！駅のデザインとコンセプト

複数の地下鉄路線を乗り継ぐとき、路線ごとの駅の特徴を意識したことはあるだろうか。大半の人は、「新しい路線の駅のほうが綺麗」くらいの認識だろう。しかし、事業者や路線ごとに駅の造りを見てみると、意外と奥が深いことがわかる。

東京メトロ銀座線は、１９２７（昭和２）年に浅草駅〜上野駅間が開通した日本初の地下鉄だ。最初にできた地下鉄ということもあって、トンネルの幅や車両の大きさも小さく、必然的に駅のホームも後発の路線に比べてかなり狭いものとなっている。とはいえ、古い路線ならではのメリットもある。開削工法によって比較的浅い地下に造られているため、大半の駅では階段を降りるとすぐ改札があり、すぐホームに行けるという利用しやすい構造になっているのだ。地下深くに造られた後発の路線ではこうはいかない。

１９９１（平成３）年に駒込駅〜赤羽岩淵駅間が開業した東京メトロ南北線では、安全性・利便性・快適性の向上のため、当時としてはかなり画期的な試みが多くなされた。Ａ

都営地下鉄大江戸線飯田橋駅の改札階からホーム階へ続く、照明を兼ねたオブジェ

TO（自動列車運転装置）によるワンマン運転や、駅ごとに異なるテーマで配置された壁画などのアート作品がその一例だが、大きく目立つ特徴としては、日本の地下鉄で初となるホームドアの設置がある。南北線の駅の大きな特徴は、床から天井までを完全に覆う形式の「フルスクリーンタイプ」のものだ。ホームドアはその後、ほかの路線にも導入されたが、フルスクリーンタイプは東京の地下鉄では唯一である。フルスクリーンタイプのホームドアは、京都市営地下鉄東西線も採用している。

路線全体が現代アートの美術館？

都営地下鉄大江戸線は、1991（平成3）年に光が丘駅～練馬駅間が開業し、2000

（平成12）年に都心の環状部分が完成した。環状部の各駅については、「ゆとりの空間」というパブリックアートのスペースが設けられ、それぞれの駅で現代アートを見られる。各駅の内装にはそれぞれ別のデザイン事務所が携わっており、非常に個性的だ。「ゆとりの空間」に設置された作品は、駅ごとの地域色を反映したものとなっている。例えば、蔵前駅の作品は、地名の由来となった江戸時代の蔵が建ち並ぶ姿をイメージした造形だ。2008（平成20）年開業の東京メトロ副都心線でも同様の試みがなされ、各駅に地域の特徴などを表現したパブリックアートが展示されている。

駅の設計に路線・事業者の個性を打ち出すのは、新しくできた路線に顕著である。2004（平成16）年から横浜駅〜元町・中華街駅間をつないでいる横浜高速鉄道（みなとみらい）線も同様だ。改札の上部に吹き抜けがあるなど、空間を活かした個性的な設計がなされている。さらに「アーバンギャラリー」というコンセプトのもとで、街の特色や魅力を前面に表したものになっている。馬車道駅の場合、みなとみらい地区と歴史の古い地区との間にあることから、「過去と未来の対比と融合」をイメージしたデザインだ。

安全性の向上、地域との一体化——路線や事業者による駅の違いには、よりよい地下鉄にしたいという思いが隠されているのだ。

CHAPTER 2

06

大都市を危機から守る!!
災害時に真価を発揮する地下鉄

　都営地下鉄大江戸線の麻布十番駅。ここには、東京都が約８億円を投じて建設し、福祉保健局が管理する防災用倉庫が存在している。長さ１０９ｍ、幅10～17ｍ、高さ３ｍというこの巨大な地下空間に用意されているのは毛布やカーペット、安全キャンドルなどの災害用品だ。地上への輸送を行うベルトコンベアや専用の自家発電装置を配備するうえ、地下鉄による緊急輸送にも対応可能となっている。同じく大江戸線の清澄白河駅にも、同等の備蓄倉庫が存在している。

　地下鉄は災害時、安全に関して徹底的な配慮が尽くされている。ガラス張りのビルが林立する地上よりもよっぽど安全だという説もあるが、それどころではない、ひとたび地震が起きた際には、活躍が期待されており、その準備は着実に施されていた。

　例えば、都営地下鉄全１０１駅には、飲料水や防寒用シートなどが計５万人分、簡易トイレ１万個、携帯用トイレ４万個、簡易ライト３万本が配備されている。東京メトロ全１

70駅にも、計10万人分の物資が存在する。これらが想定しているのは地上交通の分断だ。首都直下地震が起きた際には大量の帰宅困難者の発生が予測されている。2次災害の危険を避けるためにも、彼らの一斉帰宅の抑制は徹底事項であり、地下鉄は帰宅困難者となった利用者の一時保護の役割を担っているのだ。

災害復旧時の重要な拠点として機能

その中でも、都営地下鉄大江戸線は地下深くに走る比較的新しい路線であるため強固な構造をもち、活躍は特に期待されている。過去には災害演習として車両3両が貸し切られ、自衛隊員200名による訓練が実施されたこともある。東京都の地域防災計画にも「地下鉄大江戸線防災ネットワーク」という項目が存在しており、そこには大江戸線をいち早く復旧させることが減災目標の一つとして掲げられている。臨海地区、自衛隊駐屯地、医療機関、避難所となる大規模公園など、災害時の重要拠点を走る大江戸線が首都復旧の中心として活躍する可能性は非常に高いといってよいだ

都営地下鉄麻布十番駅にある備蓄倉庫では、大量の物資が保管されている

ろう。

また大阪市営地下鉄では、1日あたりの乗降客数が10万人を越える主要10駅に、飲料水、乾パン、保温シート、簡易トイレを1セットとしたものを合計1万7000人分配備。これも災害時、駅構内で待機する帰宅困難者を想定したものだ。神戸市営地下鉄大倉山駅には3000人分の食糧と物資を準備しており、横浜市営地下鉄では、主要11駅にアルミブランケットや非常食のほか、メーカーから提供された野菜ジュース合計1万本が保管されている。

2011(平成23)年、東日本大震災が起きた際には、仙台市では地下鉄南北線の一部区間がいち早く復旧し、貴重な輸送力をもたらした。また、東京でも都営地下鉄と東京メトロが地上鉄道にはできなかった終夜運転を実施。従業員たちの懸命の仕事により帰宅困難者の増加をくい止めたという実績を既にもっている。やむを得ぬことながら脆弱さを露呈してしまった地上鉄道と比べ、地下鉄は重要な役割を果たしたのだ。

大都市と地下鉄は切っても切れない関係だが、都市防災という面からも地下鉄は非常に重要な役割を担っていた。万が一の時には地下鉄が頼りになる、ということを覚えておいて損はない。

CHAPTER 2

07

まるで難攻不落の地下要塞 非常時対策の最新事情

2003（平成15）年、韓国大邱《テグ》市の地下を走る大邱広域市地下鉄公社1号線の車内でガソリンがまかれ、火災が発生。犠牲者192人、負傷者148人という大惨事となった。

また、1999（平成11）年には梅雨前線による大雨で、福岡市地下鉄博多駅が水没、営団地下鉄銀座線の溜池山王《ためいけさんのう》駅、半蔵門線渋谷駅にも大量の水が流入した。2000（平成12）年の東海集中豪雨では、名古屋市営地下鉄の軌道に雨水が侵入している。そして地震だ。地下鉄は地震に強いといわれているが、脆弱な地盤ではリスクがあることも明らかになっている。

地下という閉鎖空間では、ひとたび災害が起こってしまえば、その危険は地上の比ではない。どのような対策がなされているのだろうか。

まず、車両を見ていこう。火災に備えた不燃素材の使用や各車両への消火器の設置は当然として、その構造にも工夫が施されている。地下鉄火災で恐ろしいのは煙だ。過去の車両にはないこともあった車両連結部の扉を設置。扉は開けたままにすることはできず、触れなくても徐々に閉まる構造になっている。この構造により、煙と延焼を抑え込むことが可能になった。また、地下鉄車両には車両正面への扉の設置が義務付けられており、幅の狭いトンネル内でも脱出することができる。

駅の災害対策も日々進化している。わかりやすいのは水害に対しての設備である止水板だろう。大雨や台風、河川の氾濫により地下への浸水が危ぶまれると、駅員の手によって出入口に設置される。さらに、海抜の低い駅には出入口を完全に密封してしまう防水扉という装備も存在するほか、出入口そのものを歩道よりも高くしてしまう方法も採られる。普段何気なく駅を使っている人も、注意して観察してみよう。どのような対策がとられているかがわかりやすい部分だ。

駅の火災対策としてはスプリンクラーや熱感知器、遠隔操作が可能な排煙装置のほかに、「2段落としシャッター」と呼ばれる装置の導入が進められている。この装置は、火災発生時に天井から50㎝ほどの高さまで一度シャッターを落とす。このたった50㎝が煙の拡散スピードを緩やかにしてくれる。その間に、利用客の避難が進められ、ある一定以上の温度になると完全に降下するという仕組みだ。同じように煙の拡散スピードを落とすための

「垂《た》れ壁」とよばれる装置もあらゆる場所に設置されている。

路線の災害対策に関しても備えがある。地下空間の上部に設けられたいくつもの換気口は、道路冠水時には浸水経路にもなってしまう。そこで、鉄製の浸水防止機が備えられているのだが、圧巻なのはその耐圧性能。海抜の低い地域では、6mの高さの水による圧力にも耐えられるよう設計されている。また、浸水に対しては、トンネルそのものを完全密閉してしまう防水ゲートや強力な排水ポンプも準備されている。

路線の備えに関して忘れてはならないのが、雪への対策。地下鉄とはいっても地上区間は存在するため、積雪による路線やポイント、架線の凍結には注意しなくてはならない。例えば、東京メトロでは、丸ノ内線、日比谷線、東西線、千代田線、有楽町線の5路線で、雪が積もる可能性の高い日には、終電後も一定の間隔で回送列車を走らせて除雪を行っている。

避難誘導や復旧のための備えも万全

地下鉄各事業者は定期的に避難誘導、消火、連絡通報の訓練を従業員に行っているほか、異常時想定訓練といった特殊な状況への対応力を上げる訓練も実施されている。駅員たちは救急救命士が到着するまでの間の処置が行えるよう講習も受け、人命救助に重要な役割を果

都営地下鉄、避難訓練の様子。車両前部の非常ドアから避難する

たすことができる。また、東京メトロではオフロード型のバイクも配備している。これは災害時に機動力を活かした地上での情報収集などを行うためだ。

また、大規模災害の際は、乗客が一つの駅に殺到することよる2次災害がないよう、相互乗り入れを行う各路線の事業者と連絡を取り合い、運転再開のタイミング調整も図る。このとき、仮に停電があったとしても非常用発電器が通信や放送機器、照明のバックアップを行ってくれる。

地下鉄においては、車両、駅、路線、従業員それぞれに非常時への備えが施されているうえ、どこかで想定外の災害が起きれば、そこから得た教訓を活かしてさらに改良される。対策は日々向上され続けているのだ。

CHAPTER 2

08

よりわかりやすく身近に進化する地下鉄駅の案内サイン

地下鉄の駅を歩くと、乗り換えなどでサイン（案内標識）を頼ることになる。東京などの都心部では地下鉄ターミナル駅の構造も複雑で、進むべき道を教えてくれるサインの存在は利用者にとって欠かせないものになっている。

東京メトロ・都営地下鉄の利用者にとって馴染み深いのは、路線ごとに色分けされたサインだろう。最近のサインの進化は著しく、年少者や高齢者、外国人などが見てもわかりやすいよう工夫が凝らされている。

東京の地下鉄に路線の色分け（ラインカラー）が導入されたのは、1970（昭和45）年のことである。当時、営団地下鉄と都営地下鉄の路線は既に七つに達しており、わかりやすい識別記号が必要になったのだ。基本的には車体の色が基準になったが、当時は丸ノ内線・都営浅草線・都営三田線の3路線が赤色を使っていたため、少々調整を要した。結局、丸ノ内線が赤色（レッド）、都営浅草線がローズピンク、都営三田線が青色（ブルー）

を使用することで落ち着いた。

　実はこれ以後も、サインシステムはよりわかりやすくなるよう進化を続けている。現在お馴染みになっている路線ごとのマークは、2004（平成16）年のサインシステムの一新とともに導入されたものだ。それまでは、白地の案内板に各路線のラインカラーの輪が書いてあり、各路線を示していた（例えば、紫色の輪なら半蔵門線を表す）。

　2004（平成16）年のサインシステム改革では、アルファベット一文字の路線記号と、路線記号に2桁の数字を組み合わせた駅番号が登場した。これに伴い、各路線を表すマークは、各路線のラインカラーの輪の中に路線記号が入ったものに変わったのである（例えば、銀座線ならオレンジ色の輪の中にGの文字）。従来の色だけを使ったマークだと、色覚障害のある人にとって区別がつかない。新しいマークならば、色覚障害のある人も識別できるうえ、そうでない人にとっても見やすい。

　また、駅を表すマークもわかりやすくなった（例えば、東西線大手町駅なら、水色の輪に「T09」となる）。これによって、日本語のわからない外国人旅行者など、複雑な東京の地下鉄網に不慣れな人でも利用しやすくなっている。ちなみに、丸ノ内線の路線記号は「M」だが、中野坂上駅〜方南町駅の間の分岐線は小文字の「m」を使用しており、さらに今後は「Ｍｂ」に変わる。こうした細かい工夫を見るのも面白い。

バリアフリーにも充分に配慮

新しくなったのはマークだけではない。従来の乗り換え案内板は白地に黒文字だったのが、ダークブルーの地に大きめの白抜き文字に変わるという工夫もなされた。案内表示の改革は駅全体におよんでおり、「乗り換え案内は青の案内板」、「出口・他社路線の改札への案内は黄色の案内板」、「トイレや駅事務室などの施設の案内は白の案内板」と直感的に見分けられるようにしてあるのだ。

構内の柱に案内板を巻きつける「柱巻サイン」を初めて導入したり、目的の改札までの距離を○○ｍと表記するようにしたりという試みも、東京メトロが先鞭をつけ、ほかの地下鉄に広まったものだという。また、各社で独自に作っていたサインも、２０２０（平成32）年に予定されている東京オリンピックに向け、統一の動きが出ている。「もっとわかりやすく、利用しやすいサイン」への進化はまだ続いている。

高齢者や障害者でも利用しやすくするためのバリアフリー化も進んでいる。エレベーターの整備やスロープ・点字ブロックの設置などが想像できると思うが、目を凝らすと、なにげない設備にバリアフリーの工夫が隠されている。

例えば、自動券売機や精算機。以前のものと比べて現金の投入口が低く、画面も傾斜している。高齢者や車椅子の人が使いやすくするためだ。自動改札機の幅も、車椅子が通りやすいように広げられた。丸ノ内線などの一部の駅には、電車とホームの隙間への転落を防ぐ可動ステップも導入されている。東京メトロ・都営地下鉄のバリアフリー状況については、各駅で無料配布されている「バリアフリー便利帳」に詳しく記載がある。

地域のイメージを意識した駅も登場

すべての人にとって利用しやすい地下鉄へ——地下鉄の駅の設計思想は、時代の流れとともに大きく変わっているようだ。アクセシビリティへの配慮の行き届いた設計になるほか、個性がよく見えるような駅も登場しつつある。「地下鉄の駅ごとの特徴」といわれても、あまりピンとこないかもしれないが、近年では「地域に溶け込んだ地元の駅」を目指し、デザイン面で独自色を出す駅も登場している。

東京メトロ千代田線の新御茶ノ水駅の構内に入ると、ホーム壁面に設置されたモザイク壁画が目に入る。「睦月《むつき》」から「師走《しわす》」までの旧月名と、「立秋《りっしゅう》」や「啓蟄《けいちつ》」などの24節

東京メトロ新御茶ノ水駅のタイル壁画。逆側には24節気を示す壁画が連なっている

気をイメージした壁画だ。2001（平成13）年に終了した改修工事のときに設置され、1番線側のホーム壁面には、壁画の間にカレンダーの日付も置かれている。いわば、「駅全体が一つの暦になっている」デザインなのだ。

周辺は、学生街・楽器店街として有名だ。古書店街の神《かん》田《だ》神保町《じんぼうちょう》、サブカルチャーの街・秋葉原とも近い。文化的な土地柄だからこそ、一つの美術作品のような駅が生まれたのだろう。都営地下鉄大江戸線や東京メトロ副都心線、横浜高速鉄道（みなとみらい）線では、駅ごとの地域色を反映したデザインやパブリックアートを取り入れている（P68～P70参照）。近い将来、地域色を反映した個性的な地下鉄駅は当たり前になるのかもしれない。

CHAPTER

3

どうやって電車を動かすの?

運転・運行の不思議と謎

CHAPTER 3

01

設計も素材もまるで違う？ 地下鉄車両ならではの特徴

たとえ相互直通運転をしている路線であっても、地上を走る列車がそのまま地下鉄へ乗り入れることが許されない場合がある。地下を走れる車両は決まっているのだ。その車両が地下を走ることが可能か、一見してわかる特徴の一つは、先頭車両正面のドアの有無だ。また、地下鉄車両は窓にも特徴がある。これは地下を走るための重要な条件であり、トンネル特有の制約に関係している。

地下鉄のトンネルは狭いため、線路脇には乗客が歩行できるスペースがなく、非常時でも側面のドアから外に出ることはできない。そのため万が一の際は線路の上を歩いて避難することになる。つまり正面のドアは乗客が脱出できるように設けられた非常口なのだ。幅が狭いトンネルを走る地下鉄車両には、この扉が必ず取り付けられている。

また、窓にもトンネルの幅が影響している。地上を走る鉄道と違い、窓を全開にすることはできない構造なのだ。車両とトンネルの間隔が40㎝未満の場合、窓の開口部は15㎝以下に制限される。

トンネル幅の制約は一車両の長さにも影響をおよぼす。狭ければ狭いほど車両は短くなり、名古屋市営地下鉄東山線、名城《めいじょう》線、名港《めいこう》線を走る車両4形式ではその全長が15・58mしかない。JRなどの一般的な通勤電車で見られる20m車と比較すると、乗車したときの感覚がまるで違ってくるはずだ。逆に仙台市地下鉄には21・75mの車両が走っており、トンネル幅が路線の個性を生み出しているといえる。傾向としては新しく建設された地下鉄ほど車両が長く、古いほど短くなる。

制約に対応するため進化する車両

地下鉄と直通するJRや私鉄はこれらの制約に合致するように車両を用意しなければならない。千代田線に入る小田急ロマンスカーに貫通扉が設置されているのもこのためなのだ。

トンネル構造や法律の制約以外にも、地下鉄特有の事情である、駅間の距離の短さやカーブと勾配の激しさにも車両は対処しなければならない。ここで求められるのは加速や減速の高性能化だ。かつては車両といえば鋼鉄製がメインであったが、地下鉄にはステン

東京メトロ銀座線1000系は、90年前の開業当時の1000形をモチーフとしたレトロなデザイン

レス車、アルミ車が多い。これは、素材は高価だが、軽量化により加減速性能がアップできるためだ。消費電力も抑えられた。さらに錆止めを兼ねた車両への塗装が不要になることもあり、ランニングコストは削減された。地下鉄では昔から銀色の車両が目立つのはこのためだ。最近では東京メトロ銀座線の新型車両が黄色い装いだが、これも塗装ではなく、シールによるラッピングである。

車体の軽量化は地下鉄に乗り入れる地上の鉄道各社にも波及。車両の世代交代が始まっている。地下のトンネル内という特殊な条件下で走っている地下鉄が難題に直面することでひねり出した創意工夫は、地上にも広がっているのだ。

CHAPTER 3

02

一編成で何人乗れるの？ 車両の広さや編成いろいろ

現代の鉄道車両の1両あたりの長さは、新幹線が25m、一般的な通勤電車が20m、地方私鉄などで運転されている小型ディーゼルカーが15～16mというのが、一つのスタンダードとなっている。ただし、車体長が同じであっても、鉄道車両の定員数は微妙に異なる。特急形の車両は乗客全員が着席することを前提に設計されているのに対し、通勤形電車では座席数は少なめとし、立席スペースを充分に確保するのが常であるからだ。現在の電車の編成あたりの定員数は、東海道新幹線の電車が一編成あたり１３２３名、山手線を走る新しい通勤電車Ｅ２３５系が１７２４名となっている。新幹線は16両編成だが、定員数とは着席可能な乗客の数であり、対して山手線は11両編成だが、広い立席スペースが設けられ、新幹線一編成の定員数を凌駕しているというわけだ。さらに実際の営業運転では、朝ラッシュ時の乗車率は２００パーセントともなるので、山手線一編成には、３０００人をゆうに超える乗客が乗っていることになる。

それでは、地下鉄の電車にはどれくらいの人が乗れるのだろうか？　現在、最も長い編成となっているのが、東京メトロ東西線、千代田線、有楽町線などで運転されている10両編成で、編成定員はおよそ1500名（東西線で運転されている東京メトロ15000系を例にするなら編成定員は1520名）。さらにラッシュ時には、この数を大きく超える乗客が乗っていることになる。

一方、最も編成が短いのが札幌市営地下鉄東豊線《とうほう》、仙台市地下鉄などで運転されている4両編成で、東豊線9000形の編成定員は516名、仙台市地下鉄2000形の編成定員は388名だから、東京の地下鉄の乗車数とは大きな開きがある。もっとも、地方都市における地下鉄の大きな役割は、悪天候などに左右されない定時運行にもある。2015（平成27）年に開業した仙台市地下鉄東西線が走るのは、仙台市の南西部から南東部。地上部は丘陵地帯となっていて、冬場には雪が積もり、バスのダイヤが乱れることが多かったのだという。それに対して、トンネル内を走る地下鉄の時間に正確な運行はバスの比ではなく、まずこのことを地下鉄の効用に挙げる仙台市民もいる。もちろん、1本の列車で多くの利用客を運ぶことができ、道路の渋滞発生の原因をつくらないことも、地下鉄の大きなアドバンテージだ。

小型車両にも要注目

それでは、車体の小さな地下鉄が走っているのはどこだろう。多くの人がまっ先に思い浮かべるのは、東京で最初に開業した東京メトロ銀座線であるに違いない。現在、銀座線を走っている1000系は1両あたりの長さが16mの6両編成で、車体幅は2・55m。東西線などの10両編成は車体長20m、車体幅は2・8mの車両で運転されており、大きな差がある。1000系の編成あたりの定員は610名。渋谷駅〜新橋駅〜銀座駅〜上野駅〜浅草駅という東京の一等地を貫く路線を走る電車としては心もとない印象もあるが、銀座線は朝ラッシュ時に2分間隔での運転を実施しており、車両の小ささを頻繁運転でカバーしている。同じ東京メトロでは丸ノ内線でも朝ラッシュ時に1分50秒間隔での運転を実施してラッシュ対策としている。銀座線が東京の繁華街を結んでいるのに対し、丸ノ内線は沿線に学校、官公庁が多く、朝の混雑ぶりはほかの線区にひけをとらない。

もう一つ、小型車両で運転されている別格的な存在として挙げておかなければならないのが、広島高速交通だろう。「アストラムライン」の愛称があるこの路線は、東京のゆりかもめや神戸のポートライナーと同じ、いわゆる「新交通システム」。本通駅〜新白島駅付

本通駅～広域公園前駅間を37分で結ぶアストラムライン（写真：Hisagi CC BY-SA 3.0）

近の1・9㎞は地下区間を走行する。車体長は先頭車が8・15m、中間車が8m。6両編成の編成定員が286名というスペックは、まさに新交通システムのものだが、路線は広島市の中心部に延び、通勤・通学輸送の一担となっている。

現在は、大都市の地下に高密度のネットワークを築き、どの時間帯に利用しても混雑が絶えない印象のある地下鉄。しかし昭和初期から戦前までは、単行（1両）から最大3両程度での運転が行われているにすぎなかった。その上、単行であれば、利用客は数名から数十名というのが当たり前の数字だった。黎明期の地下鉄は、輸送需要も非常に小さなものでしかなかったのである。

CHAPTER 3

03

地上とは異なる制約のある地下鉄の最高・最低速はどこ？

鉄道は時を追うようにして、列車の高速化を進めている。そして、列車の運転速度を向上させるには、電動機、ブレーキを主とした車両性能の向上はもちろん、信号システムなどの保安設備の改良、高速運転を可能にするための線路条件の整備などが必要となる。だが、駅間が短くカーブも多い地下鉄となると、高速運転とは無縁であるようにも感じられるが、実際のところは、どうなのだろう？

本書で「地下鉄」とし取り扱っている15の鉄道事業者のうち、最も高速運転を実施しているのは東京メトロで、運転最高速度は時速１００㎞。ただし、これは東西線の地上区間で実施されているもので、地下を走る路線では運転最高速度は時速80㎞までに抑えられている。他都市の地下鉄でもほぼ同様だ。これは列車の安全運行を確保するための処置で、地下を走る列車にはトンネル内で生じる風圧を低く抑える必要があることなどが理由だ。

また、地下鉄線内には急曲線が多く、駅間距離が短いところも多いことから、速度を上げようにも上げることができないという問題もあり、このあたりは容易に線路を改良することは不可能な、地下鉄の宿命ともなっている。

東西線は、元々は国鉄総武線の混雑緩和を目的として建設された経緯があることから、地上区間、駅間距離のどちらもが地下鉄としては非常に長く、一般的な郊外電車と似た線路条件を有している。地上区間は直線主体で線形もよく、そのため高速運転が可能なのだ。東京メトロに勤務する運転士にとっては、駅間距離が長く運転最高速度が高い東西線は、むしろ異質の存在で、他線区からの異動があった際には、東西線の運転スタイルに慣れるまでには、ひと苦労があるという。

東京メトロに次いで高速の運転を行っているのが、神戸市営地下鉄の西神《せいしん》・山手線で、運転最高速度は時速90㎞。こちらも東京メトロ東西線と同じように、地上区間が長いことから、この速度での運転が実現している。同じ神戸市営地下鉄でも、海岸線のほうは最高運転時速70㎞となっており、他社の路線と同様のゆっくりとしたものだ。駅が密集した地域を走るのであれば、トップスピードよりも加減速が大きいことが重要なので、ことさらな高速運転は必要がないのだろう。

もう一度、東京メトロに視点を戻してみよう。最高速度が高いのは東西線だが、運転される列車の表定速度（駅で停車している時間も含めた平均の速度）が高いのは副都心線で、急行で時速50・4㎞。東西線の快速列車の表定速度は時速49・4㎞なので、わずかながら副都心線の急行に軍配が上がる。これはもちろん、途中停車駅が少ないからで、池袋駅〜渋谷駅間の所要時間は11分であり、JR山手線の同区間の所要時間16分を上回る。同じ区間には埼京線の列車や、湘南新宿ラインの列車も運転されているが、湘南新宿ラインの列車でも、池袋駅〜渋谷駅間の所要時間は11分だから、副都心線急行の韋駄天ぶりが窺える。

また、地下鉄線内での急行運転、快速運転は、東京メトロばかりでなく、都営地下鉄、横浜市営地下鉄などでも実施されている。地下鉄の1列車あたりの走行時間は、JRの列車などよりはるかに短いから、快速運転の実施による短縮時間はわずかでも、乗客に「速達感」を与える効用が大きいようだ。

最高速度が最も低い路線は？

それでは、運転最高速度が最も低い路線はどこだろう？　高速運転の実施を妨げるものが、急曲線の多さなどの、古い時代に造られた線路であるとするならば、日本で最も早く造られた東京メトロ銀座線の運転速度が遅そうだ。

実際、現在も銀座線の最高速度は時速65㎞に抑えられており、東京メトロのほかの路線と比較しても、明確な差が生じている。銀座線は早い時代に造られたことから、東京の一等地を貫き、また利用が楽な地中の浅い位置に線路が敷設されている。その一方で、車両は小型のものであり、列車もホームも短く、古い時代の面影も色濃く残している。そのほか、東京メトロ丸ノ内線の中野坂上駅〜方南町駅間、名古屋市営地下鉄の東山線、名城線、名港線でも、最高時速65㎞での運転を行っている。いずれも駅間の距離が短く、高速運転に適さない。

それでも、これよりもさらに運転最高速度が遅い路線がある。東京メトロ千代田線の綾瀬駅〜北綾瀬駅間2・1㎞がそれで、この区間の運転最高時速は60㎞。銀座線よりもさらに遅い。

元々、この区間は北綾瀬に設けられた車両基地に列車を回送するために建設された路線で、沿線住民の要望によって旅客営業が開始された。それでもわずか1駅しか設けられていない支線であることから、利用客数は多くなく、今でも3両編成の短い電車が、ワンマンによって運転されている。線路はほぼ全線が高架上を走っているが、この路線では、高速運転よりも騒音を抑えた運転が必要とされているように見受けられる。

CHAPTER 3

04

意外に珍しいＪＲとの相互直通運転実施にはどんな狙いがあった？

日本、特に東京の地下鉄の大きな特徴となっているのが「相互直通運転」。郊外を走る地上の鉄道と地下鉄を直結し、お互いの車両が相互に乗り入れを行うという運行形態だ。東京では13路線ある地下鉄のうち10路線が相互直通運転を行っており、都心と郊外をシームレスにつなぐネットワークを形成している。

だが、意外にも少ないのはＪＲ線と地下鉄の組み合わせだ。地下鉄の相互直通運転は大半が私鉄との間で行われており、ＪＲと相互直通運転を行っているのは東京だと東京メトロ東西線、千代田線の2路線のみとなっている。私鉄各線が新宿駅や池袋駅など山手線と接続するターミナルに発着しているのに対し、国鉄の路線は元々、東京駅など都心部に乗り入れていることから、あえて地下鉄に直通して都心を目指す必要は私鉄と比べて薄かったことがその理由の一つといえるだろう。

この2路線が国鉄の路線と相互直通運転を行うことになったのは、東西線の場合は中央線の複々線化と中央線・総武線のバイパスとしての機能、千代田線の場合は常磐線の複々線化という目的があったためだ。

昭和30年代、中央線の利用者数は増加の一途をたどり、混雑の激化が深刻な問題となっていた。国鉄は複々線化を計画したものの、都心部の用地取得が困難なため計画は難航していた。そこで、都心部へ乗り入れる営団地下鉄（現・東京メトロ）東西線と乗り入れを行うことで、複々線代わりとしての機能を期待したのだ。

東西線車両による中央線への乗り入れは、中野駅から竹橋駅までがつながった1966（昭和41）年4月にスタート。当初の乗り入れ区間は複々線化が完成した荻窪駅までで、東西線車両のみによる片乗り入れだったが、同年10月には国鉄の地下鉄乗り入れ用車両もデビューし、相互直通運転を開始した。

こうして中央線の複々線代わりとしての役割を果たすようになった東西線だが、千葉県から都心へと向かう総武線の混雑緩和にも期待がかかっていた。東西線が西船橋駅まで全線開業した1969（昭和44）年には、中央線が三鷹まで複々線化され、乗り入れ区間を三鷹駅まで延伸するとともに、総武線津田沼駅への乗り入れを開始。国鉄の混雑路線をカバーする大動脈が誕生した。当時のデータを見ると、東西線全線開業の1年前には30

0％を越えていた総武線平井駅〜亀戸駅間の混雑率は、開業後には250％台まで下がっており、東西線の効果が大きかったことが窺える。

最初は混乱も多かった千代田線と常磐線の直通

営団地下鉄の路線としては東西線に次いで開業した千代田線も、国鉄常磐線の複々線化と合わせて相互直通運転が行われることになった。直通がスタートしたのは、千代田線が綾瀬駅まで開業した1971（昭和46）年4月。同時に常磐線の綾瀬駅〜我孫子駅間の複々線も使用開始され、それまで上野駅が終点だった常磐線の各駅停車はすべて千代田線直通となった。合わせて、千代田線との乗り換え駅として山手線・京浜東北線に西日暮里駅が設けられた。

だが、当時は国鉄のほうが運賃が安かったことなどから、上野行きがなくなった常磐線の沿線住民からは不満が続出。さらに、営団地下鉄がストライキに入った場合、綾瀬駅と北千住駅の間は運転がストップしてしまうため、松戸駅〜綾瀬駅間の沿線住民は北千住駅で常磐線快速に乗り換えることができず、やむを得ず松戸駅まで逆戻りして快速に乗車しなければならないといった混乱も発生した。綾瀬駅〜北千住駅間は現在に至るまで特殊な

東京メトロ東西線に乗り入れる、JR東日本E231系の800番台

区間で、東京メトロ区間ではあるものの、前後のJR常磐線区間とまたがって乗車する場合はJR線とみなして運賃計算を行うという特例がある。

今では常磐線各駅停車と千代田線の直通運転はすっかり定着し、2016（平成28）年3月からは、これまで綾瀬駅止まりだった小田急電鉄の車両も常磐線区間に進出。JRの車両も小田急線に直通するようになった。小田急線内では、JR線では本来なら料金が必要な種別である「急行」や、JRには存在しない「準急」を表示した常磐線車両を見ることができる。JRと大手私鉄（東京メトロを除く）の通勤電車が相互に乗り入れを行っているのは、全国でもここが唯一の例だ。

CHAPTER 3

05

ラッシュ時は最短1分50秒間隔！衝突事故を防ぐ地下ならではの工夫

　次から次へとひっきりなしに走る地下鉄の電車。都心を走る路線なら、1本乗り過ごしてもすぐに次の電車がやって来る。日本で最も運転間隔が短い地下鉄は、東京メトロ丸ノ内線。なんと、朝のラッシュ時には1分50秒間隔で運転しており、1時間あたり最大32本の電車が走っているというから驚きだ。

　こんなに短い間隔で電車を運転して大丈夫なのだろうか……と思ってしまうが、日本の地下鉄は戦中・戦後の混乱期を除けば、これまで追突事故を起こしたことはない。暗く見通しのききにくいトンネル内を走り、さらに、都市部のため運行本数も多いことから、万が一の事故を防ぐための安全設備には最初から力を入れていたのだ。

　日本初の地下鉄として1927（昭和2）年に開業した東京地下鉄道は、最初から自動列車停止装置（ATS）を完備していた。今では、日本国内のほぼすべての鉄道にATSや、さらに高度な安全装置が設置されているが、これらの設備が普及し始めたのは戦後の

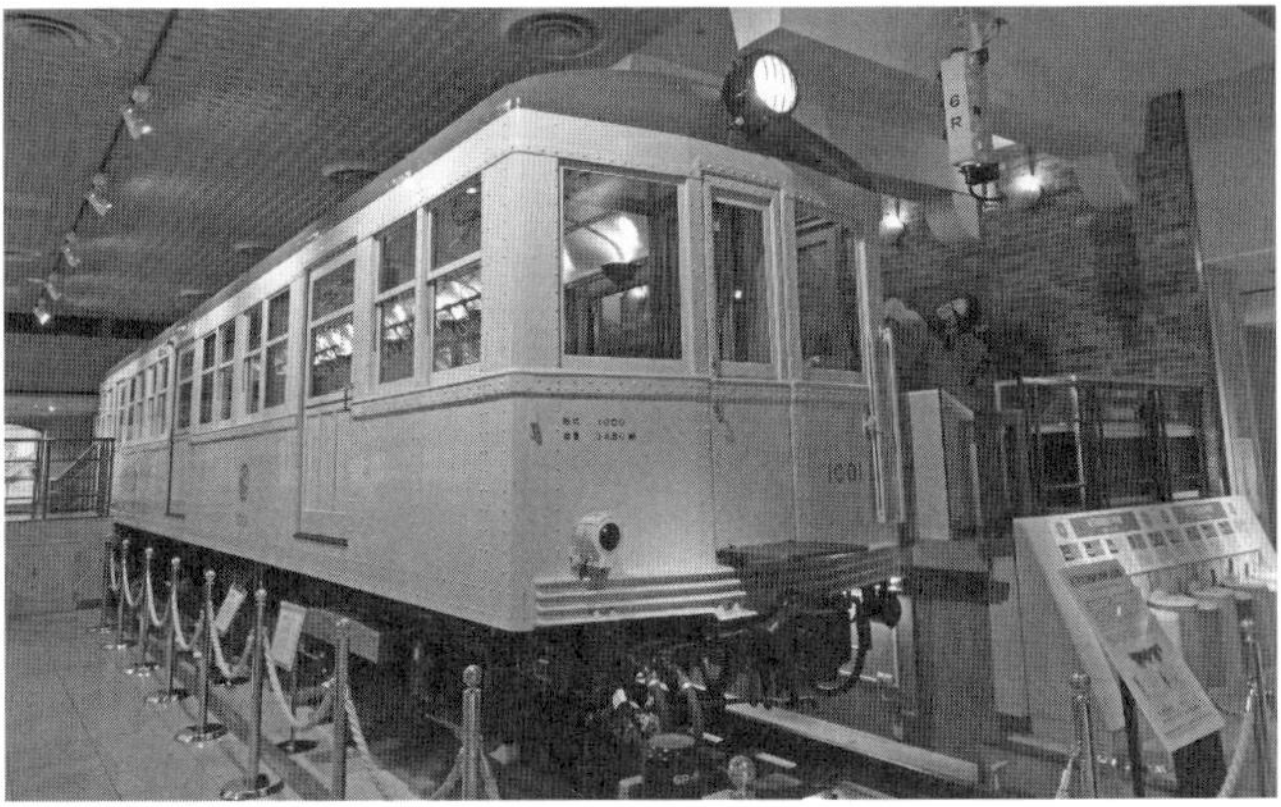

地下鉄博物館にて展示されている旧銀座線1000形車両。開業当時から自動停止装置（ATS）が搭載されていた

昭和30年代以降。地下鉄がいかに先進的だったかがわかる。

このとき採用されたのは「打子式」というシステムで、赤信号の場合は線路際に「打子」と呼ばれる棒が立ち上がり、この棒が車両の床下にあるコックに当たるとブレーキがかかるという仕組みだ。コンピュータなどとは無縁のシンプルなシステムだが、動作は確実で、その後に開業した大阪市営地下鉄や名古屋市営地下鉄もこの方式を採用。東京では丸ノ内線で1998（平成10）年、名古屋市営地下鉄東山線では2004（平成16）年まで使われていた。海外では、現在でもニューヨークの地下鉄などで使われている。

当時の先進技術を採り入れて開業した地下鉄

は、その後も、日本の鉄道の信号システムをリードする存在となった。現在、新幹線や大都市の鉄道で使われている自動列車制御装置（ATC）を初めて導入したのも地下鉄で、1961（昭和36）年に開業した営団地下鉄日比谷線がその最初だ。

常に作動している安全システム

ATSが赤信号を見落とすなどの危険があった場合だけに作用するのに対し、ATCは常に前を走る列車との間隔などに応じて制限速度を指示し、もし速度がオーバーした場合は、自動でブレーキをかけて減速させるというシステムだ。細かなコントロールを行うことで高い安全性が確保できるだけでなく、列車の間隔を詰めることもできるため、都市部を走る地下鉄には安全面でもダイヤの面でも適したシステムといえる。

初採用の日比谷線や、続いて開業した東西線では、従来の路線と同様、線路際に信号機のある「地上信号式」を採用したが、1969（昭和44）年に開業した千代田線からは、信号を運転台に表示する「車内信号式ATC」となり、さらに進化したシステムとなった。現在の地下鉄では、車内信号式が一般化している。

CHAPTER 3

06

最多で5社の車両が走る路線も!!乗り入れ運転の裏側

東京メトロとの運転距離相殺のため、西武車が東武鉄道和光市駅から発着することもある（写真：野原祐一 CC BY 3.0）

東京メトロ副都心線が全線開業を果たしたのは、2008（平成20）年6月24日のことで、東京メトロの路線としては一番新しい。

現在、副都心線では5社の車両が運転されている。東京メトロ、西武鉄道、東武鉄道、東京急行電鉄、そして横浜高速鉄道だ。横浜高速鉄道は、東京急行東横線の先にある「みなとみらい線」を所有する会社で、自社の車両も保有していることから、副都心線を走る5社目の車両が存在

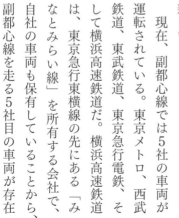

するというわけだ。

それでは、このような他社線をまたがっての相互直通運転が行なわれる場合、他社を走ることによる線路の使用料や、車両の使用料が発生することはあるのだろうか？

このような他社への乗り入れ運転が行われる場合には、運転の開始に先立って、各社間での取り決めが行われる。運転される車両の仕様のような大きなテーマから、乗務員の配置といった日常的なことまで子細にわたって検討され、覚え書きが交わされる。また、その後も必要に応じて、随時打ち合わせがもたれる。

乗り入れ運転が行われる場合、その際の運賃収入がどう分配されるのだろうか。これには各社間でほぼ共通のルールが定められており、運賃収入はそれを得た各社ごとの収入になるのが大原則。乗り入れ運転では通しできっぷを売り、後日に精算するシステムも採用されている。

一方の支出については、人件費、線路などの使用料、車両のランニングコストなどに偏りが生まれることがあるが、各社間でこれを相殺して、なるべく均一なものとなる措置が採られている。ときには、各社間の車両の走行距離を均一なものとするための、臨時運転がなされることもある。だが、乗り入れ運転が本格的に行われるようになってから長い歴史をもつ日本の鉄道では、運転のノウハウも蓄積され、調整のための車両の走行が行われる機会は減りつつあるようだ。

フォントの調整にまで手間がかかることも

日本の鉄道で初めて乗り入れ運転が行われたのは、古く明治時代のこと。１９０４（明治37）年４月から東武鉄道が亀戸《かめいど》線を介して、亀戸駅で接続する私鉄・総武鉄道（現・JR総武線）に乗り入れたのが始まりだ。現在でこそ都会の中のローカル線のような趣を呈している東武亀戸線だが、黎明期は東武鉄道を代表する幹線だったのである。また、東京で初めて建設された地下鉄である東京地下鉄道と、２番目に開通した東京高速鉄道も、新橋駅で両路線が接続したあとは相互直通運転を開始している。このように、１社の車両が組織の境界を越えて運転され、乗客の利便を図る運転は、その合理性が早くから認められていたことになる。

運転面での苦労が生じるのはダイヤが乱れたときだ。他社へ乗り入れた車両が事故などによって自社線への帰着が遅れると、会社全体のダイヤが乱れることがある。このようなときは、いかにして乱れたダイヤを速く修復するかが、列車の運行を管理し、平常ダイヤへの復旧調整や措置の指示などを行う「運転指令員」の腕の見せどころ。乗り入れ運転の中止といった荒療治的な処置は、実は最も即効性のある方法であるという。

近年の事例で興味深いのは、東京メトロ副都心線の開業で相互直通運転が開始されることになった各社間での出来事。近年の車両の多くには客室のドア上に液晶式のディスプレイが取り付けられていて、リアルタイムでの停車駅の案内などが行われている。その路線案内図の書式一つだけでも、私鉄各社のオリジナルのスタイルがあることが判明。ある会社では線路を表すラインの下に駅名が書き入れられ、ある会社ではこの位置関係が逆になっていた。そして、駅名を示す文字の書式も異なっている。それぞれの会社の書式には、伝統に裏打ちされた、これこそが便利という信念があり、これを簡単に変えるわけにはいかない。さりとて、電車が走っている場所によって図の描き方が変わってしまっては乗客が混乱する一方だ。

そこでこの時は、ディスプレイのメーカーが音頭をとって、関係各社を招集。打ち合わせがもたれて書式の統一が図られた。各社の了解を得たうえで、案内図のスタイルは統一し、使用する文字については、新たな字体（フォント）が立ち上げられたという。乗り入れ運転実施の苦労は、車両のドアの上にも潜んでいるということになる。

CHAPTER 3

07

相互乗り入れ時に乗務員は乗り続けるの？ 交代するの？

利用者から見れば、わざわざ降りて乗り換えをする面倒がなく、運良く座れれば眠ったままでも都心から郊外、あるいは郊外から都心まで運んでくれる相互直通運転。だが、乗客や車両はそのまま直通するものの、路線の境界駅で変わるものが一つだけある。それは乗務員だ。

ほとんどの相互直通運転区間では、運転士と車掌は路線ごとに交代するのが基本となっている。たとえば東京メトロ半蔵門線は、ほぼ全列車が東急電鉄田園都市線と直通運転を行っており、実質的にはひとつづきの路線のようになっているが、両線の境界である渋谷駅で必ず乗務員が交代する。大阪市営地下鉄御堂筋線と北大阪急行電鉄も同様に、実質的にはひとつづきの路線として運行されているものの、両線の境界となる江坂駅で乗務員が交代する。

また、東京メトロ千代田線に乗り入れている小田急電鉄の特急ロマンスカーは、境界駅の代々木上原駅が通過扱いとなっており、乗客の乗り降りはできないものの、実際には停車して乗務員の交代を行っている。

限られた停車時間の中でわざわざ乗務員が交代する大きな理由は、それぞれの路線に習熟している乗務員が運転したほうが、安全性などの面で確実だからだ。相互直通運転を行う場合、車両については信号システムや運転台の機器はもちろん、加速度や減速度といった点に至るまで一定の基準を設けて共通化を図っているため、他社の車両であっても運転操作に大きな違いはない。むしろ、列車をダイヤ通り安全に走らせるためには、路線を隅々まで知り尽くしていることが重要なのだ。

だが、例外的に乗務員の交代を行なわない場合もある。主に、乗り入れ先の路線が短い場合だ。名古屋鉄道小牧線と直通運転を行っている名古屋市営地下鉄上飯田線は、路線の長さがわずか0・8㎞、1駅間だけの日本でもっとも短い地下鉄路線だが、この区間は名鉄の運転士がそのまま運転している。開業当初は乗務員交代を行っていたものの、あまりにも距離が短いことから名鉄の運転士が通しで乗務する形態に改められた。このほか、東急東横線と直通運転を行っている横浜高速鉄道（みなとみらい線）も、東急の乗務員がそのまま乗り入れる形をとっている。

一方、路線が短くても乗務員を交代する例もある。神戸市営地下鉄西神・山手線と相互直通運転を行い、実質的に一体の路線として運行されている北神急行電鉄は、1駅間だけの路線ではあるものの、運転士の交代を行っている。同線の場合、市営地下鉄は車掌が乗務しているのに対し、北神急行はワンマン運転のため、交代するのは運転士のみとなっている。

乗り入れ先の路線で車両がアルバイト?

相互直通運転を行っている路線でも乗務員は自社線内のみを運転するわけだが、車両については逆のパターンも見られる。自社の路線に戻らず、乗り入れ先の路線内をひたすら往復している車両だ。

たとえば、東京メトロ千代田線と直通運転を行う小田急電鉄の車両が、小田急線内に戻らずに千代田線内だけを往復しているのは、同線の利用者ならよく見かける場面だろう。このような運用が行われているのは車両が足りないからではなく、乗り入れに伴う走行距離のバランスを取るためだ。

車両を相手の路線に直通させるということは、相手の鉄道会社に「車両を貸している」

京都市営地下鉄烏丸線と近鉄京都線の相互直通運転では竹田駅で乗務員が交代する

のと同じことだ。つまり、相互直通運転の場合はお互いに車両の貸し借りが発生することになる。この際、両者の路線を走る距離が同じであれば貸し借りは相殺されることになるが、実際にはそううまくはいかず、地下鉄よりも郊外を走る私鉄の距離が長いというケースが多い。すると、単純に相互乗り入れを行っているだけでは、私鉄側は地下鉄に対して「借り」が多いことになる。

この貸し借りを相殺し、帳尻を合わせるために行われるのが、乗り入れ先の路線内だけを往復し走り続けて走行距離を稼ぐ運用だ。自社線を離れて一日中地下鉄線内を走る私鉄車両の姿は、さながら他社へのアルバイトといった風情だ。

CHAPTER 3

08

トンネル内の地下鉄設備保守はどのように行われているの？

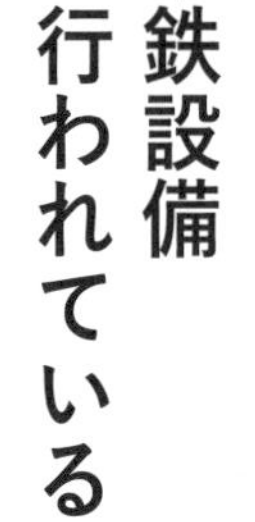

車両はほとんどの場所で地下区間を走り、線路は長いトンネルの中に敷かれているのが地下鉄。だから、車両にしても、駅や線路などの施設にしても、一般的な鉄道よりは保守、点検には手間がかかるはず。鉄道に詳しくない人であっても、きっと誰もがそう考えることだろう。事実はその通りで、もしも地下鉄の駅に、一般の鉄道の駅にはない何かのアドバンテージがあるとしたら、それは雨が降らないことや、1年中空調が効いていることくらいかもしれない。けれども、空調施設も保守・点検は必要であるし、近年はゲリラ豪雨のおかげで地下街が冠水することもある。決して楽ではないのが、地下鉄の保守なのだ。

それではまず、地下鉄で実施されている水害対策について。東京メトロでは過去の状況も参考にして、駅の出入口に防水扉や止水板を設置。後者は折り畳み式のもので、緊急時に出入口を塞ぎ水の侵入を防ぐ。東京メトロでは20年に一度の割合で起こり得る規模の大きな水害までを想定して設備が設けられており、隅田川の東側にある海抜の低い駅など、

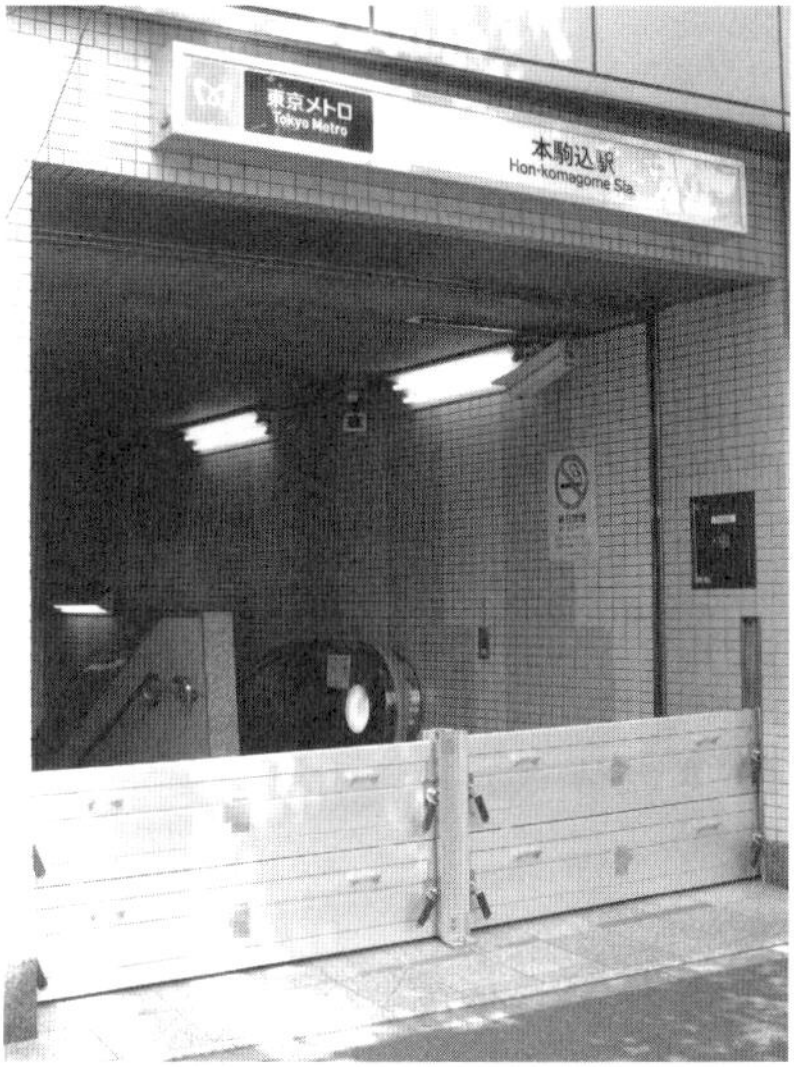

東京メトロ南北線本駒込駅の出入口に設置された止水板。二段組みになっている

出水の可能性がある駅には厳重な備えが整えられている。また、線路の一部が地上を走っている路線では、線路の開口部にも防水扉を設置して、線路の冠水が防がれている。

駅の保守という点では火災対策も重要で、設備は随時更新されている。もとより、火災報知器、スプリンクラーが設置されている地下鉄の駅であるが、近年は使用する建材についても難燃化、不燃化を徹底。職員の間では、避難誘導、初期消火、連絡通報の訓練が定期的に実施されている。過去の事故例、あるいは海外の事例には、事故の発生後の処置が不充分であったことで被害が拡大したものがあることも把握されており、事前に対策が施されている。社内の連絡には独自の光ケーブルネットワークが構築されていて、停電時に備えてのバックアップ電源も用意されている。

線路の保守に活かされるプロの技術

利用者にとって、もっと気になるのが線路の保守だろう。地下鉄の線路の保守は、どのように行われているのだろうか。大都市を走る路線であるだけに、列車運行は24時間体制に近い。

地下鉄では、列車の運行が行われない深夜には、架線への送電がストップする。この時間帯こそ、線路や架線の点検、保守にはうってつけで、架線からの電気の供給を受けなくとも自走できる保守用の車両を駆使して必要箇所の点検が実施される。地上にある鉄道よりも保守には手間がかかることから、多くの区間では通常の架線よりも交換の周期を長くできる「剛体架線」が積極的に使用されるなど、地下鉄ならではの工夫が随所になされている。

もちろん、昼間でも必要に応じて、保守・点検作業は随時行われている。このときは、重大な事故が発生したような場合を除き、架線の電気が止められることはなく、列車も頻繁に運転されている。そのため慎重な作業が必要となり、作業員のグループのうち必ず1名以上が列車の監視を行い、事故の発生を未然に防いでいる。もちろん、トンネル内は暗いので、懐中電灯などで現場を照らしての作業となる。

列車が1回通過するごとに、レールや枕木は強い衝撃を受け、わずかずつ形を崩してゆく。プロの保線作業員は、徒歩、保線用作業車の利用、営業中の列車への添乗などによって、常に線路の状態を監視しているが、わずかでも線路の形が変わっていれば、それを一瞬のうちに見抜く眼力が養われている。そして、異常が発見されれば、すぐに保守のチームが現場に派遣される。これは通常の鉄道でも同じなのだが、地下鉄の線路は暗いトンネルの中に延びているのだから、作業員の観察力は、地上よりもさらに重要なものになるというわけだ。

東日本大震災が発生したときには、都心でもすべての鉄道が運転をとり止め、多くのビジネスマンが帰宅の足を失ったが、東京メトロはいち早く電車の運転を再開し、多くの利用者を助けた。このときには、運転士、保守作業員らが、全線を徒歩でチェックして安全を確認してから運転が再開された。運転士の中には、交代要員が出勤できないことから、何時間も同じ電車を運転し続けた例があったというが、一般の利用客には恐怖が感じられるようなトンネルであっても、ここで働くプロたちにとっては、住み慣れたわが家、通い慣れたいつもの職場ということなのだろう。

CHAPTER 3

09

東京メトロの12ある車両基地 それぞれ異なる構造に事情あり

現在、東京メトロには12カ所に車両基地が設けられている。現在は大手私鉄に仲間入りしている東京メトロではあるが、運営規模から見ても、その数は多い。そして、これだけの数の車両基地が必要となった経緯にも、地下鉄独特の条件が反映されているようだ。

構造的に見て、最も特徴的なのは、上野検車区だろう。所在地は台東区東上野。ＪＲ上野駅の入谷口から外に出て、昭和通り（国道４号）を渡った場所にある。上野駅から至近の場所であるが、検車区の周りには小さなビルや住宅が密集していて、ここに鉄道の車両基地があることに気がつきにくい。

ここは１９２７（昭和２）年の東京地下鉄道開業時に開設された基地で、当時は車両の本数が少なかったばかりか、この基地も一時的に使用されるのみで、当時から将来の郊外への移転が視野に入れられていたというから、その規模は推して知るべきものであった。しかし、銀座線の浅草以遠への延伸と車両基地の移転が行われることはなく、さすがに既存の

上野周辺の航空写真。四角で囲った部分が上野検車区（国土地理院の地理院地図より）

設備のみでは手狭に。そのため大規模な改修工事が実施され、工事は1968（昭和43）年3月に完成。これによって、地下部分にも留置線が新設され、地上の留置線に7編成、地下の留置線に13編成が留置できる規模となった。

銀座線には、もう1カ所車両基地が設けられている。それが上野検車区渋谷分室で、所在地は、渋谷駅の先に延びる引き上げ線の先。8編成の収容が可能で、この基地も創業時、すなわち現在の銀座線の西側の建設を手がけた東京高速鉄道の開業に際して設けられたものである。検車区が設けられた一画は渋谷の繁華街であり、基地施設も老朽化が進んだことから、大規模な改修工事が実施され、2000（平成12）年に工事が竣工。これによって、車両基地は「渋谷マークシティ」という名の総合ビルの3階部分に収納されるかたちとなった。このビルの2階には、京王電鉄井の頭線の渋谷駅が設けられており、「渋谷マークシティ」は、二つのフロアに鉄道施設が収納されたビルということになった。このような処置が可能になったのも、銀座線の車両がパンタグラフを備えない、小型の車両であったことも理由の一つに数えることができそうだ。

用地確保の苦労の末にできた車両基地も

銀座線の両端にある二つの車両基地が、手狭な場所を工夫して設けたものであるなら、自社の線路から離れた場所に車両基地を設けて、スペースを確保したというものもある。

半蔵門線の車両基地として使用されているのが、鷺沼《さぎぬま》車両基地で、所在地は川崎市宮前区。最寄り駅は東急田園都市線鷺沼駅で、半蔵門線の線路からはいささか遠い場所にある。この施設は、元々は東急の検車区として開設された施設だった。しかし半蔵門線の開業の際に、近隣に車両基地を設けることができなかったことから、当時の営団地下鉄がこの施設を譲り受け、東急の検車区は長津田に機能を移転させたという経緯がある。いかにも大都市中枢の地下に路線網を展開する地下鉄会社ならではのエピソードといえそうだが、実際の営業運転に際しては、回送列車が長い距離を、それも乗り入れ区間を走らなければならない。同様に、乗り入れ区間の先に車庫が設けられている例としては、大阪市営地下鉄堺筋線の東吹田検車場があり、こちらは阪急京都線から出入りする地下鉄の車両基地である。

千代田線の検車区は北綾瀬駅付近に設けられている。検車区は綾瀬駅からはおよそ2㎞離れており、この間には回送用の単線が延びているが、綾瀬検車区を建設する際に、ここに駅を設置することが用地買収に応じる条件の一つに出されたとされ、車両基地に隣接するかたちで北綾瀬駅が設置された。千代田線の線路が綾瀬駅まで延び、国鉄に乗り入れて我孫子までの乗り入れ運転を開始したのが1971（昭和46）年4月20日、綾瀬駅〜北綾瀬駅間2・1㎞で営業運転が開始されたのが、1979（昭和54）年12月20日のことである。検車区に出入りする回送列車は千代田線で営業運転を行う10両編成。綾瀬駅と北綾瀬駅の間を往復する列車は、ワンマン運転による3両編成という落差が面白いが、これもまた、車庫の建設には苦労する地下鉄ならではのエピソードといえるのかもしれない。

このほか、有楽町線、副都心線の車両が使用する和光検車区は、埼玉県和光市に所在。これも東京23区の外に造られた車両基地だ。

CHAPTER 3

10

他社から地下鉄へ乗り入れる車両は実は決まっていた!

乗務員が境界駅で交代するように、乗り入れ運転を行う車両についても、各社間での取り決めが行われ、一定のルールに基づいて運用が行われている。世の中には「鉄道車両がみな同じ形だったので、見分けがつかなかったのだ」というチープなトリックの推理小説があったというが、プロの現場でそのようなことがあるわけはない。たとえ同じ形の車両であっても各車両には車号がつけられて管理がなされ、一定のルールに則って運転が行われている。

現代の鉄道は非常に多くの車種によって運行されているのが通例だ。もちろん、車種が少ないほうが、車両の保守、管理は楽になり、乗務員にとっても機器操作が車両によって異なることがなくなるのだから好都合である。それでも複数の車種が存在するのは、数多くの車両を一気に交代させることは難しく、車両が徐々に入れ替わるうちに、技術の進歩や乗客のニーズの変化があって、鉄道事業者の側もそれに対応した変化が求められるからである。

その複数ある車種のすべてが他社への乗り入れに使用されるわけではない。例えば、都営地下鉄浅草線との相互乗り入れ運転を実施している京浜急行では、自社の車両のうち、600形、1000形、1500形（1700番台）のみが地下鉄への乗り入れに使用。800形、2000形、2100形は自社線内のみで使用され、地下鉄へ乗り入れることはない。

これらの車両が地下鉄線内に入れない理由は、2100形と800形・2000形で異なる。

まず、800形と2000形は地下区間を走ることができない。理由は、地下線の狭いトンネルを走行する場合に必要な非常口を前面に備えていないためだ。地下トンネルは建設費を抑えるため小さく造られることが多いが、国土交通省令の基準では、車体とトンネル壁面との間隔が40㎝未満の場合、脱出用として車両の先頭に非常口を設けるとされている（P84〜P86参照）。800形と2000形はこの基準を満たしていないため、京浜急行の地下線である品川駅〜泉岳寺駅間にも入ることができない。

2100形は前面に非常口となる扉を備えているため、地下線を走ること自体には問題がなく、泉岳寺駅発着の列車にも使用されている。だが、都営地下鉄浅草線への乗り入れはできない。これは、車両の仕様が都営地下鉄浅草線へ乗り入れる各社間で決めた協定に沿っていないためだ。

100形は2ドア車だが、協定では乗り入れ車両は3ドア車とすることになっている。このため、地下線を走ることはできても地下鉄に乗り入れることはできないのだ。

このように、地下鉄に乗り入れ可能かどうかは安全性や車両構造上の問題だけでなく、乗り入れを行う各社間の協定にも左右される。

車両限定には線路事情も関係していた

もう一つ、地下鉄への乗り入れ車両を決定させる要因には、線路もある。例えば、東京メトロ日比谷線は、車両1両の長さが18mと規定されて建設された。日比谷線が建設された当時はこの規格でも充分に余裕のあるものと考えられたが、その後の東京の人口集中は予想以上だった。そのためより輸送力の大きな車両の運行が望まれるようになったが、しかし、18m車の運転を前提として建設された線路には急カーブがあり、それよりも大型の車両の運行はできない。そこで、窮余の策として登場したのがこの路線で運転されている03系の5扉車で、通常は3扉として製作される03系のうち、20編成については特に利用者が多い編成の両端の車両を5扉として、ラッシュ時の乗降をスムーズなものにしている。

日比谷線03系、前後各2車両が5扉となっている車両（写真：M.Ohtsuka CC SA-BY 3.0）

このような工夫がもち込まれることが多々あるということも、一般的な鉄道と比較して制約の多い地下鉄ならではの事象ということができるだろう。日比谷線と接続する東京急行電鉄東横線や、東武鉄道伊勢崎線には、車体長20ｍの電車も運転されているが、線路の条件から、それら日比谷線に乗り入れることはできないというわけだ。

こういった各社間の取り決めがあっても、車両個々には微妙な性能差があって、乗務員によっては、特定の形式を運転する際にはことさらに神経を使うこともあるという。それでも、乗車を拒否するようなことはなく、乗客にそのようなことを気づかせない運転ができるのが「匠の技」ということであるようだ。

CHAPTER 3

11

１９６０年代には既に自動運転が実現していた？

日産やメルセデス・ベンツなどの世界の主要自動車メーカーのみならず、ＧｏｏｇｌｅをはじめとするＩＴ企業までが、現在、こぞって開発を進めている「スマート・カー（自動運転車）」。文字通り、運転手なしで道路を走行することが可能な未来の乗り物であるが、自動運転の分野では電車はずっと前から先を進んでおり、東京の臨海副都心を走る「ゆりかもめ」や、神戸の「ポートライナー」などでは、運転手がいなくても車両がスイスイと運行して行く光景は、すっかり日常に溶け込んでいる。しかし、自動運転はそれら新交通システムの専売特許ではなく、既に、地下鉄にも導入している路線が多数存在する。

「自動列車運転装置（ＡＴＯ）」と呼ばれる、電車における自動運転システムの歴史は意外に古く、１９６０（昭和35）年には、名古屋市営地下鉄東山線の名古屋駅〜栄町駅間で試験運行が開始。その後の１９７７（昭和52）年に、神戸市営地下鉄西神線で日本初の営業運転がスタートしているので、現時点で50年以上もの歴史が積み重ねられた、古参の技術だ。現在、埼玉高速鉄道などではATOによる自動運転及びワンマン運転が行なわれている。

自動運転を可能にする二つのシステム

ATOには、「自動列車制御装置（ATC）」と「定位置停止装置（TASC）」という、2種類の制御装置が含まれている。ATCとは、電車が制限速度を超えないよう、スピードが出過ぎると自動的にブレーキをかけるシステムのこと。速度情報は前の電車との距離などから決まり、低周波の電流というかたちで列車に知らされている。いわば、「信号」の役割をしている装置だが、道路のそれのように「進め」と「停まれ」の2択ではなく、常にちょうどいい速さで走らせてくれる機能なのだ。

TASCは駅への停車時に使用される仕組みで、枕木部分などに設置された「地上子《し》」という発信機と、車上に取り付けられた受信機がセットになっている。実際に駅で停車するまでのプロセスを見てみると、まず、駅の数百m手前に最初の地上子があり、そこを通った電車は「停止位置まであと○○m」という情報を受け取る。すると、TASCの制御装置が乗車率などを加味して計算を行い、即座に停止までの減速パターンを算出。あとは、それに沿ってブレーキで制動するのだ。だが、車輪の摩耗具合やレールの状況などは

線路上に取り付けられた地上子が停止位置までの距離情報を発信する

常に変化するので、毎回、同じ動作では思う通りの結果は得られない。そこで、駅までにはさらに2~3個の地上子が置かれており、その上を通るたびに誤差を修正することで、より正確な位置での停車に導いている。

以上のように、ATCとTASCはともに「停止」にフォーカスしたもので、これだけでは自動運転にはならない。ATOは、ここに「加速」も加えたシステムで、電車側にあらかじめ運転パターンをすべて記憶させておく。そして、運転手が発車ボタン(誤操作を防ぐため、2個のボタンを同時に押さないと作動しない)を押すと出発して、最適な速度で運行。カーブの手前や、先行車両との距離が近くなったらATCが働いて減速し、問題がなくなったら、再び加速する。駅前からはTASCの指示を受けて停車の動作に入る。こうしたプロセスで自動運転が実施されているのだ。なお、この間、運転手は、何か問題があった時にすぐにストップできるよう、常に緊急ブレーキを構えている。

ATOとホームドアの切っても切り離せない関係

ますます進んでいる地下鉄の自動運転化だが、それをあと押ししているのは、駅に続々と導入されつつある「ホームドア」の存在である。普段はしっかりと閉まっており、乗降時にオープンすることで乗客のホームからの転落や電車との接触を防止、安全を確保している「ホームドア」だが、その性格上、運転手は電車のドアを、ホームドアにピッタリ合わせて停車する必要がある。ホームドアがない駅では、停車位置の誤差は1・5〜2mぐらいは許されるのに対し、全駅でホームドアを採用している東京メトロ南北線や三田線では、なんと35㎝以内に停めなければいけない。すべての駅で、電車の巨体をこの範囲内に停めるのは困難を極めるうえ、頻繁にオーバーランが起こっていては、停車位置の修正に伴う時間のロスも生んでしまう。つまり、ホームドアにとって、電車をピッタリ停めてくれるTASCを含むATOの存在はなくてはならないものなのだ。

CHAPTER 3

12

あなたも既に乗っている!? 身近な地下のリニアモーターカー

ルートもほぼ決定し、2027年の開業を目指して工事が始まった「リニア中央新幹線」。品川駅〜名古屋駅間を40分で結ぶ夢の技術として、日本国中の期待を集めている新路線だ。しかしちょっと待って欲しい、とうの昔から全国の地下鉄には「リニアモーターカー」が走っているのだから。

とはいっても、中央新幹線と地下鉄の車両では、同じリニアでも形式が異なる。前者は磁力によって車体自体が浮かぶため「磁気浮上式」と、後者は通常の電車と同様、車輪でレールと接地しているため「接地（鉄輪）式」と呼ばれているのだ。

ここで、リニアモーターと従来のモーターの違いについて簡単に説明しよう。従来の回転式モーターは、円筒形の本体の中に配された磁石とコイルに電気を流すことで生まれる磁力を回転エネルギーに変換し、それを車輪に伝えて推進力を得ている。それに対しリニアモーターは、コイルを車体下部に装備し、地上のレール沿いに磁石代わりの金属プレートを敷き詰める。そして、コイルに電気を流すことで生まれる磁力を、直接推進力に変えているのだ。そもそも「リニアモーター」とは、「直線的なモーター」という意味で、回転式モーターの中身を「直線的」にしたような構造なので、その名前がついた。浮くか浮かないかは無関係。地下鉄は「浮かないリニア」なので、新幹線のように高速は出ないが、「リニアモーター」で動く原理は同じである。

地下鉄に続々と採用される接地式リニア

さて、日本初となる接地式リニアの営業運転を開始したのは、大阪市営地下鉄の「長堀鶴見緑地線」で、1990（平成2）年のこと。その翌年には都営地下鉄大江戸線が導入し、現在では福岡市地下鉄七隈線や仙台市地下鉄東西線など、6都市7路線もの地下鉄でリニア車両が走っている。次々と採用されている大きな理由は、ズバリ、従来の地下鉄に比べて建設コストが安くてすむからだ。

接地式リニアの特徴として、「ミニ地下鉄」と呼ばれるほど車両が小さいことが挙げられる。特に天井の低さは乗ってみると実感できるほどだが、これは体積をとる回転式モーターを積む必要がないため台車が小型化でき、そのぶんだけ車体そのものを小さくできる

●リニアモーターのしくみ

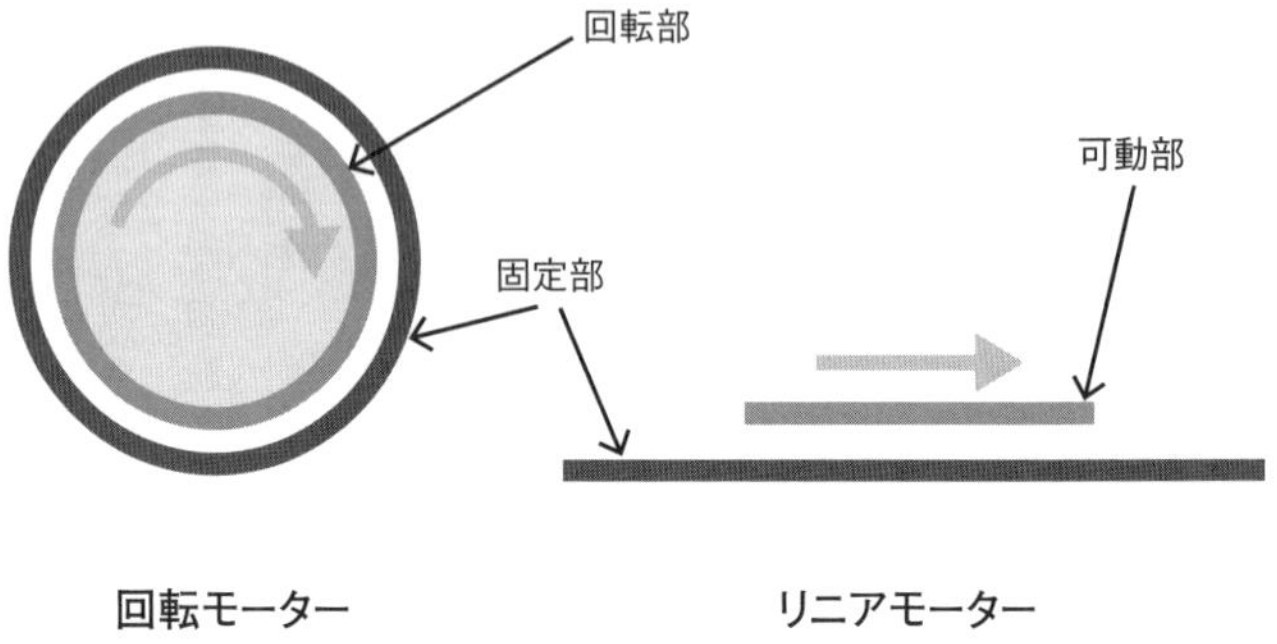

から。そのおかげでトンネル断面積が半分程度にまで抑えられ、それが工事費の大幅な圧縮につながっている。

また接地式リニアは、急勾配にも強い。通常の車両は、車輪が回ってレールを摩擦する力で進むので、急坂では車輪の空転が発生する。対してリニアでは、車輪は車両が進む方向をガイドするのみで、車体そのものが磁力によって進んでいるから力のロスが発生しにくいのだ。実は、この利点も建設コスト削減につながっている。勾配に強いと、より自由に路線設計ができるため、難工事に突き当たりにくいからだ。

このような理由で、財政難で新路線を諦めていた自治体にとって接地式リニアは福音となり、全国各地で続々と採用されているのである。

CHAPTER

4

地下鉄から知る地域性

各地の風土が見えてくる!?

CHAPTER 4

01

地下鉄のレールが1本だけ？画期的だった「札幌方式」とは

鉄道といえば、普通は2本の鉄のレールの上を、鉄製車輪の車両が走る姿をイメージするだろう。日本全国の地下鉄に関しても、ほとんどの場合2本のレールが敷かれている。しかし、札幌市営地下鉄を利用すると、線路の見た目が普通の地下鉄とまったく違っていることに気づく。走路の中央に1本レールが通っているだけなのだ。車両の下部の案内輪がそこに接しており、ゴムタイヤが車体を支え、ゴムタイヤで走るのである。

この方式は、「中央案内軌条方式」と呼ばれる、札幌市営地下鉄独特のものである。「軌条」とはレールのことで、車両の進行方向を定めるレールが中央に1本だけあるという意味だ。札幌市営地下鉄の開通当時、ほかに例のない画期的なものだったため「札幌方式」とも呼ばれている。なぜ、札幌市営地下鉄ではこのような独自の方式がとられたのだろうか。

札幌市で地下鉄建設の計画が持ち上がったのは、1964（昭和39）年頃のことである。

冬期の積雪量が多いため、市電やバスによる旅客の輸送に不便を生じていたためだ。また、1972（昭和47）年に、札幌で冬季オリンピックが開催されることも決まり、市を挙げて地下鉄網の整備へと進んでいった。

ゴムタイヤを使うため考え出された新方式

このとき、市がこだわったのはゴムタイヤの使用だった。ゴムタイヤは鉄製の車輪に比べ、騒音が少なく乗り心地も良くなる。ゴムであれば摩擦力も大きく、斜面も登りやすい。また、駅の間隔を路面電車の停留所のように短くすることを想定していたため、加速と減速がしやすいゴムタイヤの導入が望まれたのである。一方で、ゴムは摩耗が激しいため、タイヤを保守する費用が高くなる。また、鉄製の車輪に比べてエネルギーのロスが大きく、消費電力も大きくなるといったデメリットもある。

市はゴムタイヤ車両の走行試験を繰り返し、各地の地下鉄を参考にして最適な方式を探し求めた。モノレールの方式や、鉄製車輪とゴムタイヤを併用するパリの地下鉄なども参考にされている。

試行錯誤の結果、従来の鉄道ともモノレールとも異なる、中央のレールに沿ってゴムタ

札幌市営地下鉄南北線の5000系。車両下の真ん中の太いレールに案内されて走る（写真：出々吾壱 CC BY-SA 3.0）

イヤで走る方式が採用された。世界で初めての完全なゴムタイヤ式地下鉄を導入したのは、1966（昭和41）年に開業したカナダのモントリオール地下鉄だが、こちらは2本のレールに沿って走っている。ゴムタイヤ式で、さらにレール1本のみという札幌市営地下鉄の方式は非常に珍しいのだ。

ここで、「札幌市営地下鉄とモノレールはどう違うのか？」と思う読者もいるだろう。モノレールは、1本のレールにぶら下がっているか、レールをまたぐように上に乗っているかのいずれかの形態を指す。車両の重量がすべてレール上にかかっていればモノレールということになるが、札幌市営地下鉄の場合は車両の重量はゴムタイヤを通じて地面にかかっているため、モノレールとは別物なのだ。

1967（昭和42）年に札幌市議会で地下鉄建設が可決された当時は、この「札幌方式」についての法的規定がなく、関係する運輸省令が一部改正されることになった。冬季オリンピック開催に先立つ1971（昭和46）年、日本で四番目の地下鉄として、札幌市営地下鉄の南北線が開通。その後、1976（昭和51）年に東西線が、1988（昭和63）年に東豊線が開業し、今に至っている。

現在、札幌市営地下鉄で営業しているのは南北線・東西線・東豊線の3路線だが、南北線と、東西線・東豊線とでは車両が走行する仕組みがやや異なっている。車両を動かす電力の供給の仕方が違うのだ。

先に開通した南北線では、レールと並行に地面に敷設された給電用のレールから電気を取り入れる（第三軌条方式）。一方、東西線と東豊線では、車両の上に張られた架線から電気を取り入れる（架空電車線方式）。また、南北線がダブルタイヤなのに対し、東西線と東豊線ではシングルタイヤが採用されている。レールに関しても、南北線では断面がT字型、東西線と東豊線ではI字型をしている、といった細かな違いが存在しているので、注目してみよう。

CHAPTER 4

02

最新にして最後の地下鉄？
仙台市地下鉄東西線

２０１５（平成27）年12月、仙台市地下鉄東西線が開業した。八木山動物公園駅から荒井駅までの13駅を最高時速70㎞で結ぶ、全長13・９㎞の路線だ。仙台の地下を既に走る南北線は増大する交通需要に対応するかたちで登場したが、それと比べると、東西線は都市の魅力を引き出すことで都市間競争力を強化するという意味合いが強い。これ以降、新たな地下鉄の計画はなく、日本最後ともいわれるこの地下鉄路線。そこには地方都市の雄、仙台市が構想するコンパクトシティの最前線への希望が委ねられていた。

東西線の構想は１９７０年代に始まる。地形の構造的な理由による道路の渋滞に悩まされていた仙台市にとって、その解消は常に議論される問題であり、市を東西に結ぶ交通機関を待望する声が挙がっていた。しかし、採算の面や利便性への疑問で計画は進まない。１９９１（平成３）年には、当時の市長が汚職事件で逮捕されるなど、計画は混乱した。そして１９９８（平成10）年、ようやく具体的な計画が発表される。当初より路線が短縮

仙台市地下鉄東西線の2000系。伊達政宗の兜を模したデザインが前面に施されている

され、すべての駅を地下へ。トンネル断面積を小さくすることで仙台の複雑な地形への工事に挑むことができる、リニア式を採用した。2000（平成12）年にはルートが正式決定。2005（平成17）年、東西線建設が争点になった市長選挙が実施され、2007（平成19）年、ついに着工となった。

東西線における地形的特徴は勾配だ。高低差130m、最急勾配5％は地下鉄としては非常に珍しい。そのような独特の地形を、前述のリニアモーター駆動車両と、シールド工法・山岳工法の組み合わせによって克服した。

その後、東日本大震災による工事中断や「広瀬川橋梁」「西公園高架橋」の土木学会賞受賞を経て、ついに開業。これにより、仙台駅からそれぞれ、約15分、片道300円で東西南北の終点までたどり着くことができるようになった。

東西線開通が仙台の街並も変えた

東西線は海と山を結んでおり、山に向かう西側には八木山動物公園や八木山レジャーランド、仙台市博物館、宮城県美術館などの施設がある。地下鉄開業前は週末や連休の渋滞が問題となっていたが、解消が期待される。東側は地域性豊かなコミュニティが特徴だ。荒井東駅には自然と調和した暮らしを提案する土地区画整理も進められている。

仙台駅周辺に与える影響としては、今まで日陰の存在であった東口の再整備が大きい。東西線開業に合わせた区画整理が進められており、楽天イーグルス本拠地や「仙台アンパンマンこどもミュージアム&モール」が完成。

各駅には駐輪場が充実、バスも時間の再編成もあり仙台市内におけるフットワークが一気に軽くなった。海と山、田園と都市、教育と産業、充実した文化施設やスタジアムが、地下鉄で見事に結ばれ、仙台の魅力はさらに引き出されることになった。人口減少時代の多様性と魅力ある街づくりの一環として、地下鉄は新しい意味をもつことができるだろうか。

CHAPTER 4

03

都内を走る東京メトロと都営地下鉄 なぜ一つにまとまらないの？

世界的にも「清潔で安全」と、乗りやすさが評価されている東京の地下鉄。だが、海外からの旅行者にとって非常にわかりにくい部分が一つある。路線網が東京メトロと都営地下鉄の二つの運行事業者に分かれていることだ。利用者にとって、最も大きな問題は運賃制度がバラバラなこと。旅行者向けの全線乗り放題きっぷ「Tokyo Subway Ticket」などを使えば問題ないものの、メトロと都営を乗り継ぐと割高になってしまう。

海外の地下鉄は運行会社が一つか、または、運行会社が複数でも運賃制度は同一というケースがほとんどだ。例えば、ソウルやシンガポールなどの地下鉄は複数の会社が運営しているが、運賃制度は同じで、運行会社の違いを気にすることなく利用できる。

なぜ東京の地下鉄は一元化できないのだろうか。そもそも、なぜ東京メトロと都営地下鉄の二つに分かれているのか。これには、東京の地下鉄建設の歴史が関係している。

現在の東京の地下鉄は、東京メトロが東京都と政府の出資による会社、そして都営地下鉄はその名の通り東京都の運営と、どちらも公的な機関が関わる鉄道だ。

だが、東京の地下鉄の歴史は私鉄から始まった。日本初の地下鉄である銀座線の浅草駅〜上野駅間は「東京地下鉄道」という会社の手で開業。同社はその後、上野から新橋まで路線を延ばし、渋谷駅〜新橋駅間を建設した東急系列の「東京高速鉄道」と接続して、1939（昭和14）年に、現在の銀座線全線が開通した。東京高速鉄道はさらに、赤坂見附駅から分岐して新宿方面に至る路線も計画していた。現在の丸ノ内線の一部だ。

しかし、地下鉄の建設には莫大な費用がかかるため、民間企業が行うには負担が重い。さらに、戦時体制が色濃くなりつつあった時勢もあり、国の統制下で東京の地下鉄運営を一本化するべく、1941（昭和16）年に営団地下鉄が、国、東京府東京市、私鉄各社の出資により発足。東京地下鉄道と東京高速鉄道から路線を引き継ぐとともに、今後の東京の地下鉄建設・運営は営団が行うことになった。

戦時体制下で生まれた営団は、第二次世界大戦後は国鉄と都の出資に移管し、東京の地下鉄運営の担い手として存続。新路線の計画や建設を進めた。一方、東京都は営団を解体し、都による地下鉄運営の実現を要望。営団の解体・都営化は実現しなかったものの、戦後の交通需要の増加に対応するため、都による地下鉄の建設も行われることになった。こうして1960（昭和35）年に開業したのが都営地下鉄の最初の路線である浅草線だ。その後、東京の地下鉄は営団と都営の二者によって運営されることになったが、一元化の議論はたびたび繰り返されてきた。

「バカの壁」撤去で注目を浴びたが――

一元化の話がクローズアップされるようになったのは、営団地下鉄が「東京メトロ」として株式会社化された2004（平成16）年以降だ。特に、2007（平成19）年に東京都の副知事に就任した猪瀬直樹氏は地下鉄の一元化を強く主張し、2010（平成22）年には国と都、東京メトロによる協議会を設置。九段下駅で東京メトロ半蔵門線と都営新宿線のホームを隔てていた、通称「バカの壁」の撤去工事が始まった。

だが、一元化をめぐっては国や東京メトロと東京都の間に大きな意見の隔たりがあり、これが実現を難しくしている。

東京メトロは国が53％、都が47％を出資する会社だ。元々、東京メトロは副都心線の開業後、早期に上場する計画だったが、その後の株式市場低迷によって、実現していない。国は優良企業である東京メトロを早く上場し、株式を売却したいという考えだ。

九段下駅の「バカの壁」には仮囲いが建てられ、約2年間にわたって撤去工事が行われた

一方、都は東京メトロが上場してしまうと経営一元化が難しくなることを懸念し、上場前の統合を求めている。都営地下鉄は２００６（平成18）年度に黒字化を果たしたものの、巨額の長期債務を抱えているため、東京メトロが上場してからの統合は企業価値を下げるとして、株主から反対が起こる可能性が高いからだ。

結局、意見の食い違いが残ったまま、協議会は４回開催されただけで終了。その後は、乗り換えや運賃などサービスの一体化を推進するという「東京の地下鉄の運営改革会議」に移行したが、こちらも２０１４（平成26）年1月以降開催されておらず、議論は進んでいない。利用者にとっては、運賃制度の統一だけでも早期に実現して欲しいところだ。

CHAPTER 4

04

横浜市営地下鉄にはなぜ有名デザイナーの作品が多数あるの？

横浜市の北側に位置するあざみ野駅から、横浜の西隣・藤沢市の湘南台駅までを「コの字型」につなぐ横浜市営地下鉄「ブルーライン」。１９７２（昭和47）年の開通時から、この路線の横浜駅や関内《かんない》駅の構内には、ステンレス製の背もたれとフラットな黄色いプラスチック製の座面からなる、シンプルだがちょっと変わったベンチがある。実際に座ってみると、腰掛け部分のくぼみがお尻に優しく座り心地が良いこの椅子は、駅の空間にあって一際存在感を放っている。それもそのはず、柳宗理《やなぎそうり》の手によるものなのである。柳といえば、１９６４（昭和39）年開催の東京オリンピックで使用された、聖火コンテナやトーチ・ホルダーなどを手がけた、日本を代表するインダストリアル・デザイナーの一人。彼の代表作とされる椅子「バタフライ・スツール」は制作から60年が経った現在でも人気の商品で、ニューヨーク近代美術館の永久コレクションにも選定されている。

ところで、駅を含む公共スペースで、平行に配置された２本のステンレスの棒からなる、

横浜市営地下鉄ブルーライン弘明寺駅、柳宗理デザインの「背もたれサポーター」

しっかりと「座る」というより「もたれ掛かって」休憩するのに適したモノを見た覚えがある方も多いのではないか。一見すると、オブジェにも感じられるアレを最初に作ったのも柳宗理で、正式名称を「背もたれサポーター」という。普通のベンチより少ないスペースで利用できるため、ホームの幅を広くすることを目的に横浜市営地下鉄が最初に導入。その後、全国的に広がっていったそうだ。

気鋭のデザイナーに次々と発注

それではなぜ、ブルーラインに柳宗理の作品が多数存在するのか？　答えは、当時、都市デザインに注力していた横浜市が、ファニチャー担当として柳を招聘したからだ。しかも、参画していた有名デザイナーは柳だけに留まらない。色彩デザインを担当したのは、ポスターアートで世界的に評価が高い、グラフィック・デザイナーの粟津潔《あわづきよし》。彼が定めた「青」と「黄」を主体とする色彩設計は、柳のマニュファクチャーの色使いのみならず、今に至るまでブルーラインの施設のカラーリングの母体となっている。

インダストリアル・デザインを担当した「GKインダストリアル・デザイン研究所」の代表・榮久庵憲司《えくあんけんじ》は、「東京都のシンボルマーク」や「キッコーマンの卓上しょう油瓶」などを手がけた業界の第一人者。横浜市営地下鉄においては、青字に白抜きの文字を配した駅名表示サインのほか、電車自体のデザインも担当した。その車両「1000形(2006(平成18)年に引退)」は、地の部分が銀色、ドア部分が青に塗られた「ゼブラ塗装」が特徴的。しかも、駅の乗車予定位置にも青いラインが引かれており、駅に到着すると二つの青が一体化する、という非常に先進的なデザインが織り込まれていたのだ。

このように、意欲的な意匠が散見されるブルーラインだが、営業開始から40年を過ぎた今、それらの多くは駅の改修に伴って少しずつ撤去され、残っていても経年劣化のため、汚れが目立つようになってしまっているのが残念なところ。なんとかリファインして、初期の意図を伝えていって欲しいものである。

CHAPTER 4

05

どうしてそんなに儲かっている？ 大阪市営地下鉄のフトコロ事情

２００３（平成15）年、経常利益を黒字化した大阪市営地下鉄。その後、２００９（平成21）年は２８９億円、２０１３（平成25）年は３０３億円、２０１４（平成26）年は３４３億円と、経常利益は年々増加し続けている。２０１０（平成22）年には、トンネル工事費用などの初期投資額である累積欠損金を公営地下鉄として初めて解消。余剰金の積み上げも始まった。公営地下鉄（東京メトロは公営ではない）としては日本一儲かっている路線、それが大阪市営地下鉄だ。

その中でも、大阪の大動脈である御堂筋線の収益は凄まじい。１００円の収入を得るのにどれだけの費用が必要になるかという営業係数は44円。２００６（平成18）年の路線別に見た黒字額も３７０億円と、全地下鉄中で断トツを突っ走る。２位の名古屋市営地下鉄東山線、東京メトロ銀座線ですらその黒字額は90億円台であり、群を抜いた黒字を叩き出す御堂筋線はまさに「ドル箱」という言葉が相応しい。

この御堂筋線の利益を他路線で食いつぶしていると揶揄されたのも過去の話、谷町線、四つ橋線、中央線、堺筋線も既に黒字転換がなされた。そのほかの路線の営業係数も順調に低下し、全線で赤字幅が縮小している。

大阪市営地下鉄は1933（昭和8）年に御堂筋線の梅田駅〜心斎橋駅間で開業した。現在は御堂筋線、谷町線、四つ橋線、中央線、千日前線、堺筋線、長堀鶴見緑地線、今里筋線の8路線100駅を抱え、総延長距離は129・9㎞。しかしこの地下鉄、法律上は路面電車と同じカテゴリーとして扱われる。

開業当時の大阪市では街の近代化への取り組みが進められており、現在は御堂筋線の上を走る、道路としての御堂筋も拡張工事が予定されていた。そこで、大阪市は都市道路整備の一環として道路と地下鉄を同時施工するという技を繰り出す。地下鉄の工事にも関わらず、道路建設のための一般財源から補助金を勝ち取ったのだ。

そのため、大阪市営地下鉄は主に路面電車に適用されていた軌道法に沿って事業を進めることになった。鉄道法との違いは運営に関する細かな部分のみであり、実際には明確な区別はない。現在の膨大な黒字にも活かされる儲けへのスピリットは開業前から既に始まっていたといえよう。

公営か民営か？　揺れる大阪市営地下鉄

大阪市は成長を続けた。それとともに、地下鉄も営業路線を拡大。公営であるがゆえ、至上命題は大阪市民の利益最大化であった。その間、大阪市は不採算路線の保護という観点からも、市内の交通は公営企業が行うという方針を採り、民間企業の新規参入は規制を受ける。不採算路線がありつつも、大阪市営地下鉄は巨大な市場を独占することができた。これが黒字の大きな理由だ。

そして、前述の通り、累積欠損金が解消されて財務は健全化。大都市のインフラ整備という役割は完了した。現在は利便性の向上を目指し、民営化の議論が本格化している。人口減少という大きな流れは日本第2の都市でも避けられない。黒字化の裏で、1日平均乗車人員数は1990（平成2）年の281万人がピークであり、その後は減少が続いている。経営のさらなる効率化は喫緊の課題だ。

公営企業では予算や人事、物品の購入などあらゆる場面で法律の制約を受け、経営のスピード感は民間に劣る。また、サービス改善や駅ナカ事業のような新たな事業展開においても民間の手法が必要だ。大阪市の手から離れることで、各路線の大阪市外への延線や他

大阪市営地下鉄御堂筋線30000系の新型車両では、新幹線のグリーン車と同等のシートを使用している

社との直通運転も期待される。累積欠損金の解消も民営化への追い風だ。
大阪市営地下鉄の暖かいフトコロ事情を象徴するかのように、2016（平成28）年度、御堂筋線に新型車両がデビューした。シートは新幹線のグリーン車と同じ素材を使い、座席の下にはLEDによる間接照明を設置。季節や時間帯に合わせて照明の色が変わる。何より異彩を放つのは大阪に本社を置く企業の代表格、SHARP製プラズマクラスターの搭載だ。
大阪市営地下鉄は、これまで述べたようなさまざまな理由から成功を収めた。日本一を達成した公営地下鉄としての儲けを大阪全体にゆき渡らせるがごとく、ゴージャス車両が民間路線を走り抜ける日も近いかもしれない。

CHAPTER 4

06

色にはきちんと意味があった！大阪市営地下鉄のラインカラー

地下鉄の利用に慣れない人が、乗り換えなどで戸惑わない工夫の一つがラインカラーだ。路線ごとに異なる色を割り振って、駅構内の案内板や路線図などに使用する。例えば、東京メトロでは丸ノ内線に赤色、千代田線に緑色などを割り振っている。東京の地下鉄のラインカラーは、基本的には車体の色が由来となっている。

一方、大阪市営地下鉄で使用されているラインカラーには、一つ一つに由来があるといわれている。大阪市営地下鉄のラインカラーは、1975（昭和50）年に導入された。その由来は公式に発表されているわけではないが、地元民には広く浸透している。

まず、吹田市の江坂駅から堺市の中百舌鳥《なかもず》駅までを結ぶ御堂筋線。1933（昭和8）年に開業した、大阪で初めての地下鉄だ。新大阪駅～梅田駅～難波駅～天王寺駅という大きなターミナル駅をつないでおり、大阪のメインストリートである御堂筋に沿って走ることから、「大阪の大動脈」という意味で赤色（臙脂《えんじ》）が割り当てられている。

大阪市営地下鉄御堂筋線の30000系。赤が前面と側面にあしらわれ、ピンクと白の細帯が添えられる（写真：Rsa CC BY-SA 3.0）

続いては、御堂筋線に次いで2番目に乗客が多い谷町線。守口市の大日《だいにち》駅から八尾《やお》市の八尾南駅をつなぐトンネルは、1980（昭和55）年の開業当時、地下鉄のトンネルとしては日本最長だった（現在は日本で4番目だが、大阪では最長）。谷町線が地下を走る谷町筋には、四天王寺を筆頭に太平寺・勝鬘院《しょうまんいん》・清水寺・吉祥寺など寺院が多いため、ラインカラーの紫色は高僧の袈裟の色が由来だとされる。ちなみに、「タニマチ」という言葉は、熱心な相撲の支援者が谷町筋に住んでいたことからきているのだそうだ。

大阪市北区の西梅田駅から同市住之江区の住之江公園駅までをつなぐ四つ橋線のラインカラーは、青色（縹《はなだ》色）。これは、御堂筋線の動脈の赤に対して静脈の青という意味であるとも、海に近い場所を走っているためともいわれている。

樹木やネオンなどモチーフは様々

中央線は、ニュートラム（南港ポートタウン線）を含めた大阪市交通局のすべての路線と乗り換えができる唯一の路線である。東大阪市の長田駅から住之江区のコスモスクエア駅まで、大阪市内を東西に結ぶ。ラインカラーの緑色は、森ノ宮駅が最寄りとなる大阪城公園の木々が由来とされている。

千日前線は、大阪市福島区の野田阪神駅から同市生野区の南《みなみ》巽《たつみ》駅までを結ぶ路線だ。千日前線の地上を通る難波新地や千日前通の界隈といえば、大阪・ミナミの繁華街として有名である。このことから、千日前線のラインカラーのピンク色（紅桃色）は、繁華街のネオンサインをイメージしているという。

大阪市北区の天満筋6丁目から同市西成区の天下茶屋駅をつなぐ堺筋線は、御堂筋線の東を並行して走る。堺筋は、かつては大阪市内を南北に走るメインストリートとして繁栄していたが、御堂筋線の開業とともにその地位を譲った。しかし、現在も金融街や電気街が広がり、大阪の商業を支えている。堺筋線は天満筋6丁目で阪急線に接続し、相互直通運転を行っていることから、阪急線のシンボルカラーに合わせた茶色がラインカラーとなっている。

公式見解があるカラーは一つだけ

長堀鶴見緑地線は、1990(平成2)年に大阪市大正区の大正駅と門真市の門真南駅《かどまみなみ》を結ぶ路線として開業した。日本で初めての鉄輪式リニアモーター(磁力で車体を浮かせる方式ではなく、リニアモーターで車輪を動かす方式)を使用した常設鉄道路線である。「国際花と緑の博覧会(花博)」の開催に合わせて開通した路線であり、ラインカラーは花博の会場となった鶴見緑地をイメージした黄緑色(萌黄色《もえぎ》)である。これは、唯一公式に明らかにされている由来である。

2006(平成18)年に開業した今里筋線は、大阪市営地下鉄で最も新しい路線だ。大阪市東淀川区の井高野駅から、同市東成区の今里駅までの11・9㎞を23分ほどで結ぶ。駅には、大阪市営地下鉄で初めてのホームドアが設置された。ラインカラーはオレンジ色で、太陽のような暖かさをイメージしているとも、ほかの路線のカラーと区別しやすいためと

咲洲を走るニュートラムの200系。海をイメージした水色のラインカラーとなっている（写真：Series207 CC BY-SA 4.0）

もいわれている。

なお、本書で地下鉄としてはいないものの、大阪市交通局の運営するニュートラムにもラインカラーが割り当てられている。ニュートラムは中央線の終着駅であるコスモスクエア駅から住之江公園駅までをつなぐ路線で、自動列車運転装置を導入している。海沿いを走る路線のため、海と空をイメージした水色がラインカラーとなっている。

以上が、大阪市営地下鉄のラインカラーの由来（といわれている話）だ。真偽のほどは定かではないが、「車体色が由来」という東京の地下鉄の場合と比べてみると、一つひとつに路線を象徴する意味があってなかなか面白いのではないだろうか。

CHAPTER 4

07

車掌の肉声による車内放送が今でも現役の路線がある？

電車内の乗客に、停車駅や乗り換えの案内をする車内放送。近年では、自動音声による案内が全国の地下鉄に普及し、車掌の肉声による車内放送はほぼ聞くことができなくなっている。

車掌の声による車内放送は、独特の鼻にかかった声や言い回しなどを思い浮かべ、親しみを感じる人も多いだろう。肉声放送には、自動音声よりも臨機応変に対応できるなどのメリットもある。だが、自動音声ならばプロのアナウンサーや声優の声を吹き込んでいるため聞き取りやすく、英語の案内も続けて放送できるという強みがある。都市部を走る地下鉄は外国人観光客の利用者も多く、より自動音声の恩恵を受けやすいといえる。

そうした中で、日本の地下鉄としては珍しい肉声の車内放送を、２０１２（平成24）年まで続けていた路線がある。神戸市営地下鉄の西神・山手線だ。正確に言うと、西神・山手線は新神戸駅～新長田駅間を結ぶ山手線、新長田駅～名谷駅間を結ぶ西神線、名谷駅～

西神中央駅間を結ぶ西神延伸線の三路線に分かれている。しかし、運行形態としてはほとんどの列車が直通運転を行っているため、実質的に一つの路線として扱われている。

同路線は、1977（昭和52）年の開業以来、出発・到着・次駅案内などの車内放送を車掌の肉声で行っていた。不審物への注意喚起など、例外的に録音による放送もあったが、原則としては柔軟性の高い肉声の放送を30年以上貫いていたのだ。地下鉄ファンにとっては知られた路線だったが、2012（平成24）年7月に自動音声による車内放送に切り替えられた。神戸市交通局によれば、前述のように自動音声の方が聞き取りやすいこと、英語放送によって外国人にも親しみやすい路線にすることがその理由だという。さらに、車掌の負担を減らすことで、列車側方の監視などの安全確保により集中させるという狙いもあるそうだ。

深夜帯だけ耳にできるそのワケは……

それでは、長らく続いていた神戸市営地下鉄の肉声放送は、もう聞くことはできないのだろうか。実はそんなことはなく、例外的に23時以降であれば従来通りの車掌の肉声による放送を行っている。

西神・山手線の西神中央駅での神戸市営地下鉄3000形

23時を過ぎると、同地下鉄の海岸線や、接続している他社路線の営業が終了してしまう。そうすると、乗り換えが生じる駅での「○○線はお乗り換えです」というくだりは不要となる。自動音声の録音ではそれに対応できないため、車掌が肉声で案内を行っている、というわけだ。神戸市営地下鉄西神・山手線の23時以降の車内アナウンスは、自動化の進んだ全国の地下鉄車内放送の例外的存在といえる。

ちなみに、2001（平成13）年に開業した神戸市営地下鉄の海岸線では、当初からマナー啓発放送も含め、車内放送はすべて自動音声である。ATO（自動列車運転装置）によるワンマン運転を行っているため、もともと車掌が乗車していないためだ。

CHAPTER 4

08

特殊切符が目白押し！福岡市地下鉄はカードも面白い

1981（昭和56）年に室見駅〜天神駅間が開通した空港線をはじめ、中洲川端駅〜貝塚駅を結ぶ箱崎線、橋本駅〜天神南駅を結ぶ七隈線の3路線を擁する福岡市地下鉄。計29・8㎞の路線を営業し、福岡の都市交通を担うこの地下鉄は、通常の切符とは異なる「企画乗車券」を過去から今に至るまで多く発売している、特殊切符の宝庫でもあるのだ。

企画乗車券とは、乗客の利便性向上や各種の割引サービスを提供するために販売される、通常とは違う乗車券のこと。回数券や往復乗車券、フリー乗車券、またテーマパークなどの入場券付き乗車券などがある。有名なものでは、JRの普通列車と快速列車が1日乗り放題になる「青春18きっぷ」などが挙げられる。

福岡市地下鉄では、家族1日乗車券「ファミちかきっぷ」、65歳以上を対象とした全線定期券「ちかパス65」を2016（平成28）年から販売開始。前者は1000円で2等親以内の家族が、大人2名まで、子供は無制限で1日乗り放題、後者は65歳以上が1ヶ月6

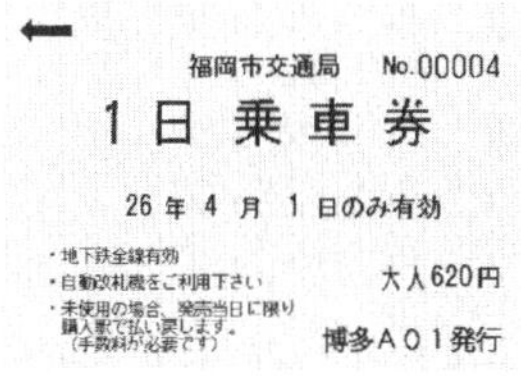

福岡市営地下鉄の通常の1日乗車券

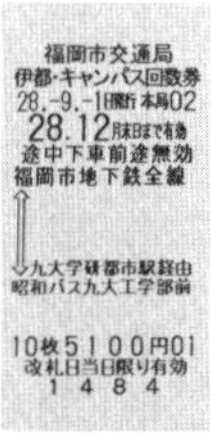

福岡市交通局、JR、昭和バスが3社共同で発行する伊都・キャンパス回数券

家族1日乗車券「ファミちかきっぷ」券面

「ちかパス65」が付加された「はやかけん」券面

000円で乗り放題だ。

過去には、どんたく祭りやお正月など特別な日限定で、券面の違う1日乗車券を100円安い520円で販売していた。残念ながら現在は販売されておらず、今後発売の予定もないそうだ。

学生向けのサービスも充実。「伊都《いと》・キャンパス回数券」はJR九州と昭和自動車との共同で発行している乗車券で、福岡市営地下鉄の各駅からJRの九大学研都市《きゅうだいがっけんとし》駅を経由し、昭和バスの「九大工学部前」バス停までを結ぶ。10枚つづりで5100円となり、通常なら3社の乗り継ぎで片道810円かかるところを、510円ですませることができる。また、海沿いの「西の浦」バス停までを結ぶ

「伊都・シーサイド回数券」もある。3社間の調整により、お得なサービスが提供されているのだ。

ICカードにもオトクな仕掛けが多々

福岡市地下鉄のICカードは、速くて、優しくて、快適な券という意味が込められており、それぞれの頭文字を取って「はやかけん」と名付けられている。福岡市地下鉄の全線のほか、相互利用に対応している各社のエリアで使用可能だ。定期券機能や電子マネー機能も付加できるようになっており、さらにポイント機能が付いている。基本的には1カ月の地下鉄利用金額の2%がポイントとして換算されるが、隣の駅まで乗車すると100ポイントが加算される「ひと駅ポイント」や、利用金額に応じて加算される「ボーナスポイント」など、面白い試みを導入。たまったポイントは、地下鉄乗車料金や電子マネーとして利用できる。

様々な乗客の事情に柔軟に合わせた、最適なサービスを作り出す。そういった細やかな気配りが、サービスの向上や、利用者の増加に少しずつつながっていくのだろう。

CHAPTER 4

09

広島や川崎にあった！マボロシの地下鉄建設計画

建設の計画段階、あるいは一部工事が始まっていたにも関わらず、途中で頓挫してしまった路線のことを「未成線」という。東京駅から成田国際空港までの65㎞を約30分で結ぶ予定で着工されたものの、用地買収の失敗などで日の目を見なかった「成田新幹線」の実例があるが、地下鉄にも幾つかの未成線が存在する。

中でも有名なのが、「広島市営地下鉄」の計画だ。現在、広島市には約１１７万人の住民が住んでおり、地下鉄が2路線ある仙台市よりも10万人以上多い。人口規模からいうと、広島に地下鉄が走っていても何ら不思議はないのだ。

夢に終わった「広島市営地下鉄」計画

最初に動きがあったのは、全国的な地下鉄開業ラッシュが起きた高度経済成長期の１９６７（昭和42）年のこと。国が主体となった交通動向調査の結果、広島駅と西広島駅を東西に結ぶものと、横川駅と路面電車・十日市町停留場付近を南北に結ぶ、上から見ると「逆T字」の形をした2本の路線が提言された。

次に出てきたのが、国だけでなく、県や地元経済界も加わった「広島都市交通研究会」が立案した3路線だ。1本目は向洋《むかいなだ》駅から北西の広島駅に向かい、八丁堀を経由して南西の旧・広島空港に至るブーメラン型の路線。2本目は東の矢賀駅からほぼ一直線に、西広島駅へと向かう路線。そして3本目がJR可部線・横川駅から紙屋町を経由して、海沿いの宇品《うじな》桟橋に至るもの。だが、「需要が小さく、増加も見込めない」ことなどを理由に保留となってしまう。

1973（昭和48）年に立案された第3弾にして最後の計画では、「東西線」と「鯉城線」という路線名も登場した。前者は、向洋駅〜西広島駅間を東西に貫く9駅9・7㎞。後者は、横川駅から南東方向に平和大通りまで下り、今度は北東に転じて矢賀駅に至る「U」の形をした8駅8・1㎞。両路線は稲荷町駅と紙屋町駅で交差するので、上から全体を見るとちょうど「廿」の字の横棒を伸ばしたような形になる。1980年代に予定された部分開通時には、全長20ｍのアルミ製で定員120人の車両が、4〜6両編成で広島の地下を走る予定と、かなり具体的なところまで計画されていた。しかし、地下鉄部分だ

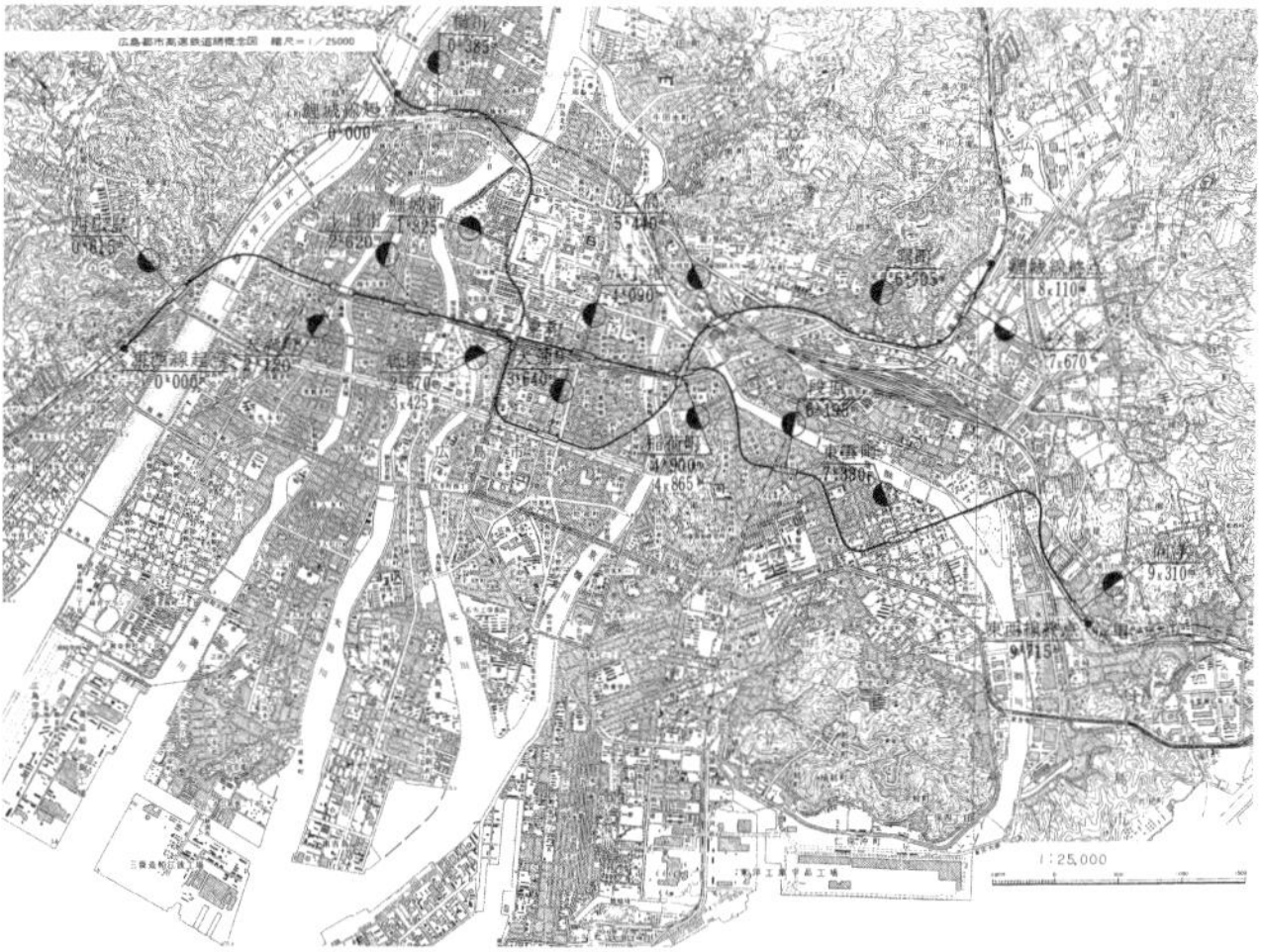

1973（昭和48年）の地下鉄路線計画図（広島市公文書館より）

けでも８７０億円を超える予算が想定され、その上、横川駅で当時の国鉄可部線、向洋駅で呉線、矢賀駅で芸備線と、西広島駅で広島電鉄宮島線と相互乗り入れするため高架化や複線化が必須で、少なくともさらに１２１億円の追加予算が見込まれた。この巨額の工費もあって、住民の反対運動が盛んになり計画は頓挫してしまった。このような経緯で市営地下鉄は誕生しなかったものの、現在の広島は、路面電車と地下鉄として扱われる新交通システム（アストラムライン）の両者がともに日本一の延長距離を誇る、独自の交通文化を誇る街として発展を遂げている。

もっと先まで伸びるはずだった3路線

2015(平成27)年7月に計画休止が発表された、頓挫したて(?)の路線が「川崎市営地下鉄」だ。計画が持ち上がったのは1960年代で、正式名称である「川崎縦貫高速鉄道」の名の通り、市を南北に結んで、市域の一体化や鉄道不便地帯の解消を目指す構想だった。しばらくの間、ルートや接続線の選定で足踏み状態が続いていたが、2000(平成12)年に国交省から「2015年度までに開業することが適当である路線」とのお墨付きが出ると、計画はにわかに活性化。工期を二つに分けて、第一期では市が定める新都心・小田急線新百合ヶ丘駅から、中間地点である東急東横線元住吉駅(後に武蔵小杉駅に変更)までの北半分を完成させ、第二期で中心市街地・川崎駅に至る南側に着工する計画が立案された。しかし折り悪く、2002(平成14)年に市の財政危機が顕在化。見直しを迫られた結果、巨額な予算がネックとなり冒頭の計画休止に至ったのである。

また、横浜市営地下鉄は「ブルーライン」と「グリーンライン」の二つの路線から形成されているが、前者は「横浜市高速鉄道1号線」と「同3号線」が組み合わさったもので、後者は「同4号線」と呼ばれる路線だった。そして、不自然に数字が飛んでいる「2号

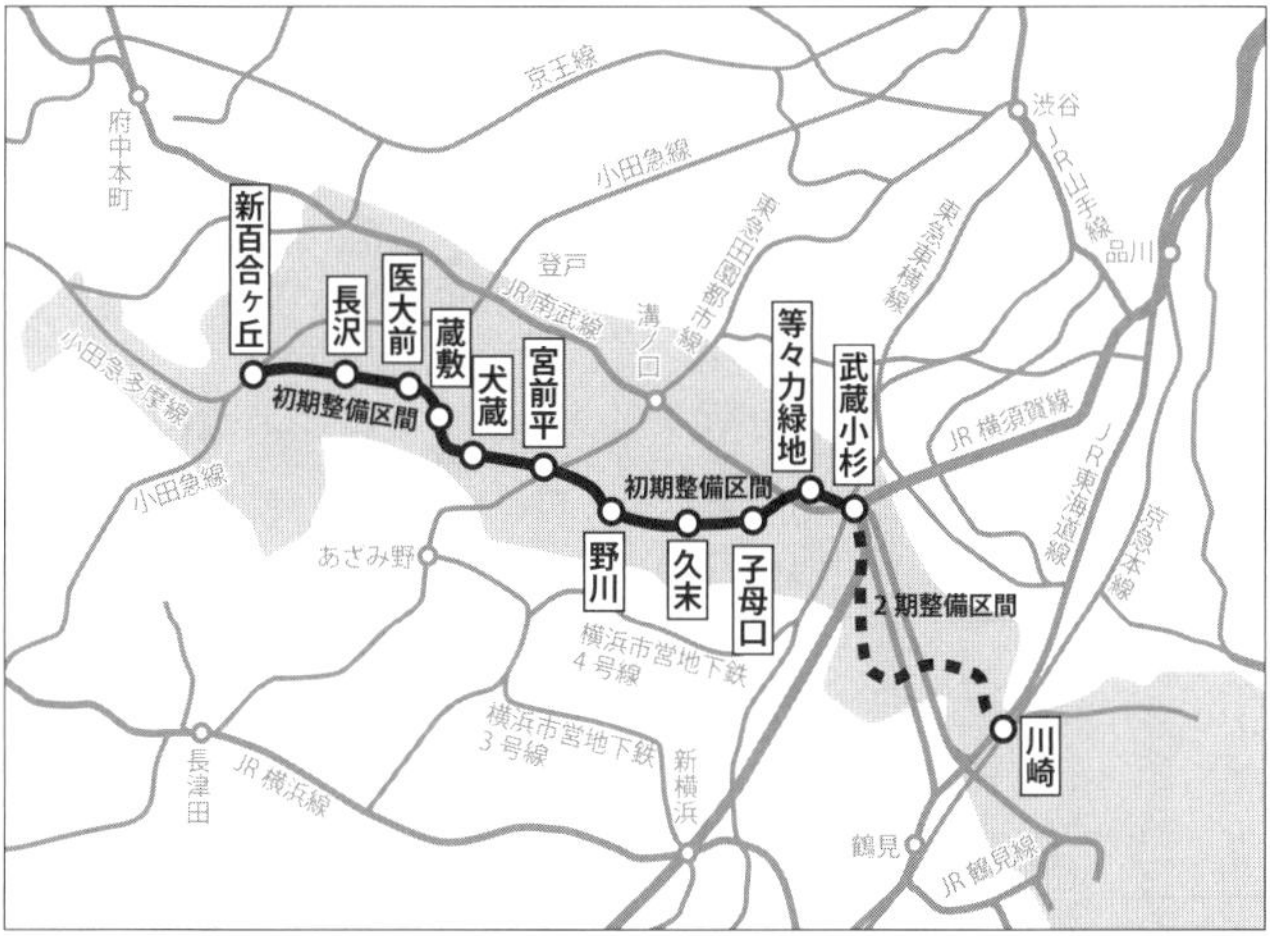

川崎縦貫高速鉄道の計画路線図（参照：川崎市ホームページ）

線」こそが未成線で、神奈川新町駅〜屏《びょう》風《ぶ》ケ《が》浦《うら》駅間の11・4㎞が予定区間。計画当時、2号線とほぼ平行に走る京浜急行が当時パンク状態だったため、バイパス線として機能するはずだったが、京急が車両編成を増やすなどして輸送力を強めたため不要となり、計画段階でお役御免となっている。

そのほか、全長わずか800mの名古屋市営地下鉄「上飯田線」を、平安通駅から名古屋市中区の丸田町付近まで伸ばす案や、大阪市営地下鉄「四つ橋線」を、住之江公園駅から堺市の浜寺公園付近まで延伸する案などは、路線そのものは完成したが、部分的な延長計画がストップした例として挙げられる。

CHAPTER 4

10

終電を気にしなくてもＯＫ 地下鉄が24時間走る海外都市

日本でも時折、議論に上る「地下鉄の24時間運行」。近年では、東京都の猪瀬直樹《いのせなおき》元知事が公共交通の24時間化を掲げ、一部のバス路線で終夜運行を行った際に話題となった。地下鉄・バスが24時間運行しているニューヨークにならい、終電の時間を気にせず移動できることで経済の活性化につながる……との発案だが、通常は終電後の深夜に行っている保線作業の時間が取れなくなることなどから、日本では当面、実現の見込みは薄そうだ。だが、世界を見渡してみれば、24時間運行を行っている地下鉄は各国に存在する。

24時間運行を行っている地下鉄が最も多いのはアメリカ。代表格はなんといってもニューヨークの地下鉄だ。ＭＴＡ（ニューヨーク州都市交通局）が運行する地下鉄は、実に、20系統におよぶ路線が毎日24時間運行を行っており、深夜時間帯用の路線図まで用意されているほど。基本的には各系統とも各駅停車となるが、0時30分~6時の間も平均20分間隔で運転している。ニューヨークと隣りのニュージャージー州とを結ぶ地下鉄、ＰＡ

TH（パス）も24時間運行を行っている。

このほかにアメリカでは、地下鉄というより高架鉄道として知られているシカゴのブルーライン・レッドラインと、フィラデルフィアと郊外を結ぶPATCO（パトコ）ハイスピードラインが毎日24時間運行を行っている。また、地下鉄とはいえないが、ミネソタ州のミネアポリスとセントポールを結ぶライトレール（路面電車）グリーンラインも24時間運転されている。アメリカ以外では、デンマークの首都コペンハーゲンの地下鉄が毎日24時間運行だ。

週末のみなど、限定的な24時間運行を行っている都市はもっと多く、ベルリンやハンブルク、バルセロナなどで実施されている。最近では、ロンドンの地下鉄が一部路線で金曜・土曜の夜に24時間運転を開始した。

複々線がなくても24時間運行はできる

日本では、地下鉄の24時間運行というと、ニューヨークだけが取り上げられることが多く、同市の地下鉄は複々線が整備されているため、夜中に保線作業を行っても空いた路線で運転が可能だから……と説明されることが多い。

ニューヨーク市地下鉄では運行時間帯が五つに分けられ、24時間運行している

だが、これまでに挙げた24時間運行の路線で、複々線区間がある地下鉄はニューヨーク以外にはほとんどない。実際には、24時間運行を行うかどうかは施設の問題もさることながら、その国や都市、鉄道会社の考え方によるところが大きいといえるだろう。

今のところ、日本を含むアジアでは24時間運行の地下鉄は存在しない。国内の地下鉄で最も終電が遅いのは名古屋市営地下鉄東山線で、金曜日と休前日のみだが、高畑駅0時43分発・星ヶ丘駅1時15分着という電車が運転されている。平日で最も遅いのは、都営地下鉄大江戸線の光が丘駅1時10分着の電車だ。働き過ぎといわれることの多い日本だが、交通機関に関しては、意外と「夜眠る国」なのかもしれない。

CHAPTER

5

地下鉄トリビア

知っていると自慢できる!?

CHAPTER 5

01

こんなところになぜ線路が!? 「留置線」の役割とは？

地下鉄に乗っていると、時折珍しい行先の電車に出会うことがある。例えば、東京メトロ千代田線なら「明治神宮前行き」や「霞ケ関行き」、東西線なら「九段下行き」といった電車だ。一般的に地下鉄電車の行先となるのは、終点や相互乗り入れを行う他路線との接続駅など運転上の拠点となる駅だが、明治神宮前駅や霞ケ関駅、九段下駅はいずれも何の変哲もない中間駅だ。

なぜこれらの駅止まりの電車が存在するのかというと、折り返しが可能な設備や車両を停めておくための留置線があるからだ。

千代田線の車庫は、東側の終点である北綾瀬駅に隣接した綾瀬検車区だが、反対側の終点に近い代々木公園駅付近にも留置線がある。留置線といっても規模は大きく、10両編成の電車を8本収容することができる。

この留置線へは明治神宮前駅と代々木公園駅の間から線路が通じている。朝ラッシュ時

東京メトロ千代田線、代々木公園留置線

には多数の電車が運転されているが、ラッシュもピークを過ぎるとすべての電車を折り返し運転するほどの需要はなくなる。そこで、代々木上原方面行きのうち数本を明治神宮前行きとして、この留置線に収容するわけだ。

霞ケ関駅にも電車を折り返すための引上線がある。こちらは複線の中間に1本線路を配置したかたちで、同駅の国会議事堂前駅寄りに存在する。綾瀬方面からやって来た霞ケ関駅止まりの電車は、いったんこの線路に入って折り返し、再び綾瀬方面へと向かう。

ところで、代々木公園の留置線はいったいどこにあるかといえば、答えは代々木公園の真下。都会のオアシスとして親しまれる緑豊かな公園の地下に、広大な電車のねぐらが広がっているのだ。公園の地下に車庫を設けている例は、東京では都立木場公園の地下にある都営地下鉄大江戸線の木場車両検修場、神谷堀公園の地下にある東京メトロ南北線の王子検車区があり、ほかに都営地下鉄新宿線の大島車両検修場も地上の一部が公園となっている。大阪では、大阪市営地下鉄の長堀鶴見緑地線、今里筋線の車両基地が鶴見緑地の地下にあり、神戸では、神戸市営地下鉄海岸線の車両基地も公園の地下にある。

元は「検車区」だった留置線も

地下にある留置線の中には、当初は車両の検査なども行う検車区として設けられたケースもある。

東西線の九段下駅〜飯田橋駅間にある留置線もその一つだ。ここは、同線の最初の区間として1964（昭和39）年に九段下駅〜高田馬場駅間が開業した際、車両の留置だけでなく検査なども行う「飯田橋検車区」として設置された。検車区としての機能はのちに開設された深川検車区に譲ったものの、現在も留置線として活用されており、平日の朝に1本だけ、東葉高速鉄道の東葉勝田台駅発九段下駅止まりの電車が運転されている。

今のところ、この留置線は行き止まり式となっているが、東京メトロでは東西線の混雑緩和に向けた増発のため、飯田橋駅側へ通り抜けられる構造に改良する工事を進めている。開業の際に同線を支えた施設が、今度は混雑緩和のために役立とうとしているのだ。

飯田橋検車区と呼ばれた施設は東西線以外にもある。１９７４（昭和49）年に有楽町線の池袋駅〜銀座一丁目駅間が開業した際、車両の留置と検査などを行うために市ケ谷駅〜飯田橋駅間に設けられた施設だ。現在、同線の車両基地は和光市駅付近と新木場駅付近にあるが、この留置線も現役で使用されている。10両編成６本を収容できる比較的規模の大きな施設で、場所としては外濠の地下にあたる。電車が出入り可能なのは市ケ谷駅側からで、同駅止まりの電車は運転されていないものの、朝の始発電車として市ケ谷駅発和光市駅行きが運転されている。

さらに、この留置線にはもう一つ大きな役割がある。南北線と有楽町線を結ぶ短絡線（Ｐ１８７〜Ｐ１８９参照）としての役割だ。南北線から検査のために有楽町線に乗り入れる電車は、この留置線とつながっている短絡線を経由してやってくる。

このほか、大阪市営地下鉄御堂筋線のあびこ駅にある引上線は、かつて存在した我孫子検車場の出入庫線だった線路だ。同検車場は１９８７（昭和62）年に新しく中百舌鳥検車場が開設された際に廃止されたが、現在でも車両を留め置く役割を果たしているわけだ。

CHAPTER 5

02 地下鉄トンネル内にある架線が棒のような構造になっているワケ

？

地下鉄を建設する際に重要となるのは、極力トンネルの断面を小さくしてコストを抑えること。そこで、ネックとなるのが「架線」の存在だ。

電車に電力を供給する方式は二つある。架線からパンタグラフを通じて車両に電気を取り入れる方式と、線路際に送電用のレールをもう1本並べ、そこから電気を取り入れる「第三軌条方式」だ。地上を走る鉄道では架線方式がほとんどだが、日本初の地下鉄である東京メトロ銀座線や、次いで開業した大阪市営地下鉄御堂筋線、東京メトロ丸ノ内線など、初期に建設された地下鉄は第三軌条方式を採用した。線路上に架線を張るには高さが必要となるため、トンネルをなるべく小さくしたい地下鉄には不向きだったためだ。

だが、昭和30年代に入ると、特に、東京では地下鉄と郊外の私鉄の直通運転が計画されるようになった。地上を走る私鉄は架線方式のため、地下鉄も同じ方式でなければ直通できない。そこで、日本で最初に私鉄との直通運転を始めた都営地下鉄浅草線は、地下鉄としては初の架線方式で開業した。続いて建設された営団地下鉄日比谷線も、東武伊勢崎線・東急東横線との直通運転のために架線方式を採用することになったが、この際に、極力トンネルの大きさを抑えられるようにと開発されたのが、棒のような外見の「剛体架線」だ。

「剛体架線」の利点と欠点

地上を走る鉄道の架線を見ると、単に1本の電線がぶら下がっているのではなく、パンタグラフと直接接触する線や、この線を支柱から吊り下げるためのワイヤーの二段構えになっているのがわかる。パンタグラフと接触する線は「トロリ線」、吊り下げるための線は「吊《ちょう》架線」と呼ばれる。このような構造になっているのは、トロリ線を極力水平にして、パンタグラフとの接触が途切れないようにするためだ。だが、これだと、どうしても高さが必要になってしまう。

一方、剛体架線はトンネルの天井にアルミや銅でできた棒状の部材を取り付け、ここにトロリ線を固定することで吊架線をなくしてある。この構造だと、トンネルの断面を小さくできるだけでなく、断線の恐れもほとんどないため、切れた架線と列車が接触すると

剛体架線は空間に余裕のない地下鉄で多く採用される

いった事故の可能性も減る。一見、いいことづくめのようだが、「剛体」というだけあって柔軟性はない。パンタグラフの動きにしなやかに追従する一般的な架線と比べ、パンタグラフがトロリ線から離れてしまう可能性は高くなり、高速運転にはあまり向いていない。また、パンタグラフのトロリ線と接する部分が磨耗しやすいというデメリットもある。

だが、建設費の低減につながることから、地下鉄で使用する架線としてはメリットのほうが大きい。このため、日比谷線以降に開業した営団地下鉄（東京メトロ）の路線では、剛体架線がスタンダードとなっているほか、全路線ではないものの、国内10都市すべての地下鉄で採用されている。

CHAPTER 5

03

地下鉄の電車はどこから入れた？ その答えは複数あった!!

「地下鉄の電車はどこから入れた？　それを考えていると一晩中寝られない……」という漫才。１９７０年代後半に一世を風靡した夫婦漫才コンビ、春日三球・照代さんのネタだが、当時を知らない人でも、一度は耳にしたことがあるのではないだろうか。日頃、特に気にせずに乗っているものの、よく考えたらどこから入れたのかわからない……という素朴な疑問にスポットを当てたのが、多くの人の笑いを誘った理由だろう。

では、地下鉄の電車はどこから入れているのだろうか。漫才では「あらかじめ埋めておいて、あとで掘り起こす」「階段から入れる」といった掛け合いが続くが、もちろん、実際には電車を埋めておいてトンネル工事のときに掘り起こす……ということはない。

一般的に、電車は各地の車両メーカーで製造されたあと、鉄道や海路、道路を使って実際に運行する路線の基地まで運ばれる。多くの場合、ＪＲ線とつながっている路線なら鉄道で、離れている場合は船やトレーラーを使って輸送する。

地下鉄の場合も基本的には同じ。ほとんどが地下を走っている場合でも、車両基地が地上にあればこの方法で搬入できる。例えば、東京メトロ銀座線の黄色い新型車両・1000系は、車両メーカーからトレーラーで丸ノ内線の中野車両基地に搬入された。銀座線は相互乗り入れを行わない路線だが、線路の幅や電気方式は丸ノ内線と同じで、実は線路がつながっているため、このような方法が使える。

車両基地が地上にない場合はどうする？

問題は、全線が地下の路線だ。例えば、都営地下鉄大江戸線は全線が地下を走っており、車両基地もすべて地下にある。いったい、どうやって運び込むのだろうか。

都営地下鉄が浅草線の馬込車庫で開くイベントに参加したことのある人なら、浅草線と大江戸線の線路が実はつながっており、大江戸線車両の大規模な検査は西馬込駅近くの地上にある馬込《まごめ》車庫で行われていることを知っているかもしれない。両線は線路の幅は同じだが、車両を動かす方法がまったく異なり、大江戸線車両はそのままでは浅草線を走れないため、馬込車庫へ回送するための専用機関車も用意されている。

では、大江戸線の車両は馬込車庫から搬入しているのだろうか？　答えは「ＮＯ」。実際は、車両基地への搬入口が地上にあり、クレーンで降ろして運び込んでいるのだ。

大江戸線の車庫は「木場車庫」と「高松車庫」の二つ。木場車庫は清澄白河駅から線路がつながっており、場所は都立木場公園の真下。高松車庫は光が丘駅付近にあり、こちらも地上は公園。この付近にある、一見倉庫のような建物が搬入口となっている。ここからクレーンで地下の線路へと車両を吊り降ろすわけだ。

都営地下鉄、木場車庫にてクレーンを用いて車両を搬入している様子

このような例はほかにもあり、例えば、東京メトロ南北線は1991（平成3）年に駒込駅〜赤羽岩淵駅間が開業した際には、ほかの路線との接続がいっさいなかったため、地上からクレーンで搬入を行った。

また、大阪で初めての地下鉄、御堂筋線も最初の開業区間はすべて地下だったため、大阪の目抜き通りである御堂筋のトンネル上に開けた穴から車両を吊り降ろして搬入し、その後、搬入口は埋めてしまうという方法がとられた。

CHAPTER 5

04

長年車内は蒸し風呂状態だった？冷房化がなかなか進まなかったワケ

真夏の通勤時、冷房の効いた車内に入ってホッとした経験は多くの人が持っていることだろう。地下鉄はコンコースからホームまでも冷房がきいている駅もある。夏のラッシュ時に冷房がなかったら……と考えるとぞっとするが、首都・東京の地下鉄が冷房完備となったのはほんの20年ほど前。バブル経済華やかなりし頃、都内の地下鉄にはほとんど冷房車両が走っていなかったのだ。

直射日光の入らない地下鉄のトンネル内が暑くなるのは、大まかにいって、電車からの排熱と利用者による人いきれが原因。狭い地下空間には熱がこもりやすいため、現在では、冬になっても送風や冷房を使用していることも珍しくない。都営地下鉄大江戸線は冬でも車内の暖房を基本的に使わないほどだ。黄色い新型車両に置き換えられた東京メトロ銀座線の旧型車の一部は、そもそも暖房装置を搭載していなかった。それほど、トンネル内の温度は上がりやすいのだ。

しかし、昭和30年代初頭まで、地下鉄は冷房がなくても「夏涼しい乗り物」として知られていた。まだ電車の本数も利用者数もそれほど多くなく、豊富だった地下水によってトンネルが冷やされていたためである。これが変わり始めたのは、日本が高度経済成長期に突入した昭和30年代以降。利用者数の急増や、それに伴う電車の本数増加による発熱はもちろん、都市化の進展によって、それまでトンネルを冷やしていた地下水が大量に汲み上げられてしまったことも影響した。

温度はどんどん上昇し対策が必要に

当時の新聞報道を探ってみると、1952(昭和27)年頃までは地上よりも涼しかった銀座線の構内温度が地上とほぼ同じになったのは1960(昭和35)年頃。そして、昭和40年代に入ると地下鉄構内はついに地上よりも暑くなり、特に湿度の高さから夏の地下鉄は「蒸し風呂同然」とまで言われるようになってしまった。少しでも涼しくしようと、駅に直結するデパートなどのドアを開けて冷気を流してもらうことも試みたが、その程度では「焼け石に水」だった。

一方、地上を走る通勤電車ではその頃、冷房車が本格的な普及の兆しを見せていた。冷房車は戦前から一部に存在し、既に特急列車などでは冷房付きが一般化していたが、1968（昭和43）年に京王帝都電鉄（現・京王電鉄）が関東の鉄道としては初めて冷房付き通勤電車を導入して以降、特別料金不要の一般車両にも冷房を導入する動きが加速。1970（昭和45）年には山手線にも試作の冷房車が登場し、通勤電車も冷房が当たり前の時代が到来した。

しかし、暑さに悩まされていた地下鉄はこの流れに乗らなかった。冷房は室内を冷やす一方、外には熱い空気を排出するという性質がある。車両に冷房を搭載することによって、トンネル内にさらに熱気がこもるのを恐れたのだ。また、トンネルによって車両の大きさに制約があるため、地上の鉄道のように屋根上に冷房のための装置を搭載するのが難しいという事情もあった。

そこで、営団地下鉄が考えたのは「トンネル全体を冷房すること」。1971（昭和46）年、銀座線と丸ノ内線の一部で駅とトンネルの冷房を開始し、その後、ほかの路線にも順次「トンネル冷房」を拡大していった。同時期、都営地下鉄では冷房付きの試作車両を製造したものの、実際の営業運転では使われることはなかった。

営団が満を持して導入したトンネル冷房だったが、地上を走る鉄道では冷房車が増えるなか、駅はともかく、トンネルの冷房では車内はそれほど涼しくならないため、決して評判はよくなかった。また、地上を走る区間が長い路線や、地上の鉄道と相互乗り入れを行う路線では、冷房化が進むほかの路線と比べて見劣りしてしまうのも事実。さらに、技術革新によって電車から出る排熱を抑える省エネの制御システムも広がり、地下鉄でも冷房車の導入が可能な環境が整いつつあった。

昭和後期にようやく始まった冷房車の導入

そこで、東京以外の都市では次第に冷房車が導入されるようになる。1977（昭和52）年に開業した神戸市営地下鉄は最初から冷房付き車両を採用。同年に開業した名古屋市営地下鉄鶴舞線の電車も冷房付きで登場し、地下鉄にも冷房車の時代が到来した。その後に開業した京都、福岡の地下鉄も当初から冷房車でスタート。大阪市営地下鉄でも、新型車両には冷房が搭載されるようになった。地上の鉄道では、阪神電鉄がタイガース優勝の翌年、1986（昭和61）年に全車両の冷房化を達成。関東地方でも、大手私鉄の冷房車率は平均8割に達していた。しかしそんななか、東京の地下鉄の冷房車率は「0％」のまま。

車両の冷房化で取り残されたかたちとなってしまった東京の地下鉄も、さすがにこの流れには逆らえず、一般家庭でもエアコンが当たり前になったバブル経済真っ盛りの1988（昭和63）年、営団地下鉄はついに車両の冷房を解禁。都営地下鉄も同時期に冷房の使用を始めた。実は、1980年代に入ってから製造された営団の新車には冷房を搭載できる準備がしてあり、その下地はあったのだ。

東京の地下鉄で最後まで残った冷房なしの車両は、かつて東京の地下鉄のシンボルとして親しまれた丸ノ内線の赤い電車だった。中野坂上駅〜方南町駅間を結ぶ支線に残っていたが、1996（平成8）年の7月に冷房付きの新車と交代した。こうして、地上の鉄道には遅れを取りつつも、長らく車内が暑かった東京の地下鉄に100％冷房車の時代が訪れたのだ。

ちなみに、今もすべての車両に冷房が付いていない地下鉄がある。札幌市営地下鉄だ。北海道という地理的環境から、真夏でもそれほど気温が上がらないため、近年導入されている新型車両にも冷房は導入されていない。残念ながら現在は行っていないが、以前は夏になると、車内には風鈴が取り付けられ、音で涼を呼ぶという粋な演出が行われていたこともあった。

1995（平成7）年6月27日の都営地下鉄全線冷房時に撮影された写真（写真：東京都）

京都市営地下鉄10系、車体上部に取り付けられた冷房装置

CHAPTER 5

05

照明が次々と消えてゆく東京メトロ銀座線の珍現象

？

まだ冷房がなかった時代の黄色い銀座線電車に乗ったことのある人なら、トンネルの中で「パッ」と一瞬だけ車内照明が消えるという現象を覚えているのではないだろうか。乗り慣れた人には日常の風景だったこの現象だが、初めて乗る人は故障か？　と驚いてしまうのも当然で、その際のリアクションによって東京の住人かそうでないかがわかる……などとも言われたものだ。

しかし、車内の照明が一瞬消えるという現象が見られたのは銀座線だけで、ほかの地下鉄各線ではこのようなことはなかった。なぜこのようなことが起きていたのだろうか。

その理由は、銀座線の集電方法にあった。同線は、線路の横に設けた第三のレールから車両に電力を供給する「第三軌条方式」を採用している。走行用の電力のほか、車内照明などもこの第三軌条から取り入れた電気でまかなっているが、線路が交差するポイントの部分には第三軌条を設けることができない。また、第三軌条は停電などの影響が拡大するのを抑えるためや、トンネル内を歩いて避難する際などに備え、電気の供給を一定の区間ごとに停められるように分割してあり、その間には、僅かながら電気の流れない場所がある。

このような区間に電車が差しかかると、瞬間的に電力の供給が途切れることになる。電車は重さによる慣性が働くため、その程度で停まることはないが、照明は電気がこなくなればすぐに消えてしまう。このため、車内の照明が一瞬消えるという現象が起きていたのだ。照明が消える際、先頭の車両から1両ずつ順に消えていたのもこれが理由だった。

照明が消えなくなった理由とは？

しかし、この現象が見られなくなった現在も、銀座線は第三軌条方式のまま変わっていない。照明が消えなくなった一つの理由は、編成の全車両を結ぶ「引き通し」と呼ばれる回路が設けられるようになったことだ。6両編成の銀座線では、ポイントなどを通過する際でも、編成中のいずれかの車両は第三軌条のある区間にかかっているため、編成全体で集電すれば電力が途切れることはない。

また、照明用の電力供給システムも変わった。銀座線の旧型車両は、第三軌条から取り入れた直流600Vの電気をそのまま照明に使っていた。高圧の電気でも、照明器具を直

東京メトロ中野車両基地にて撮影された第三軌条の末端部（写真：PekePON CC BY-SA 4.0）

列につなげば電圧が下がるため、これで問題なかったのだ。しかし、照明だけでなく冷房など様々な機器に電力を供給するためには、低圧の交流電源が常時一定に供給される必要がある。そこで、第三軌条から取り入れた電力で交流発電機を回す「電動発電機」という装置を搭載し、これで車内照明などの電力をまかなうようになった。この装置は電力が一瞬途切れても、慣性で回り続ける。同じ第三軌条方式でも丸ノ内線の電気が消えることがなかったのは、当初から電動発電機を搭載していたためだ。

ちなみに、現在の新型車両では電動発電機から進化し、インバーターによって電力を変換する装置を使用している。銀座線の「名物」も、遠い昔のことになった。

CHAPTER 5

06

いつの間にか別の路線に!? 地下鉄同士を結ぶ「短絡線」

広大な地下鉄空間には、その存在は知られているものの、乗客がめったに利用できない場所が幾つかある。その一つが、異なる路線同士を接続する「短絡線」(「連絡線」「渡り線」などともいう)の区間である。

なぜ、短絡線を造るのかというと、主に車両を検査・整備するのに必要だからだ。日本を走る電車は、数年に一度必ず整備基地での大規模な検査を受けなければならない。だが、ほとんどの地下鉄は地価の高い都心を走っているので、地上にそのような施設を確保するのが難しいし、地下に造るにしても、路線とは別の莫大な建設費・維持費がかかってしまう。そこで、既に存在するほかの路線の整備基地を利用するために、短絡線の出番になるというわけである。現段階で最新の短絡線は、大阪市営地下鉄の本町駅付近で中央線と四つ橋線をつなぐものだが、2015(平成27)年に使用が開始される前までは、深夜に車両を引き上げてトレーラーで陸運するなど、手間が非常にかかっていた。

短絡線を活用して整備基地へ

ここで、東京メトロ南北線の車両が千代田線の綾瀬工場に整備に向かうまでの道のりを見てみよう。多くの場合、車両が基地へと動き出すのは、地下鉄の営業が終了した深夜だ。初めに車両は、南北線と有楽町線が地下で290mほどほぼ平行に走る市ケ谷駅へと向かう。そして、南北線市ケ谷駅の四ツ谷駅寄りのポイントから、有楽町線市ケ谷駅の飯田橋寄りのポイントにかけて設けられている短絡線で、有楽町線へと乗り入れる。なお、ここのスペースは狭く、南北線の留置場も兼ねているため、路線を渡るためにはスイッチバック（前後の向きを変えて折り返すこと）を2回繰り返す必要がある。この後、車両は桜田門駅を目指し、近くにある短絡線を通って千代田線へと乗り入れることになる。この際に通るのは「8・9号短絡線」と呼ばれる、トンネル全長が578mもある、日本でも最大規模の短絡線である。

また、珍しい例としては、都営地下鉄大江戸線と浅草線を結ぶ短絡線がある。大江戸線の車両は、浅草線の西馬込駅付近にある馬込車両検修場で検査を行っており、両線は大江戸線の汐留駅～築地市場駅間と浅草線の新橋駅～大門駅間を結ぶ短絡線によって結ばれて

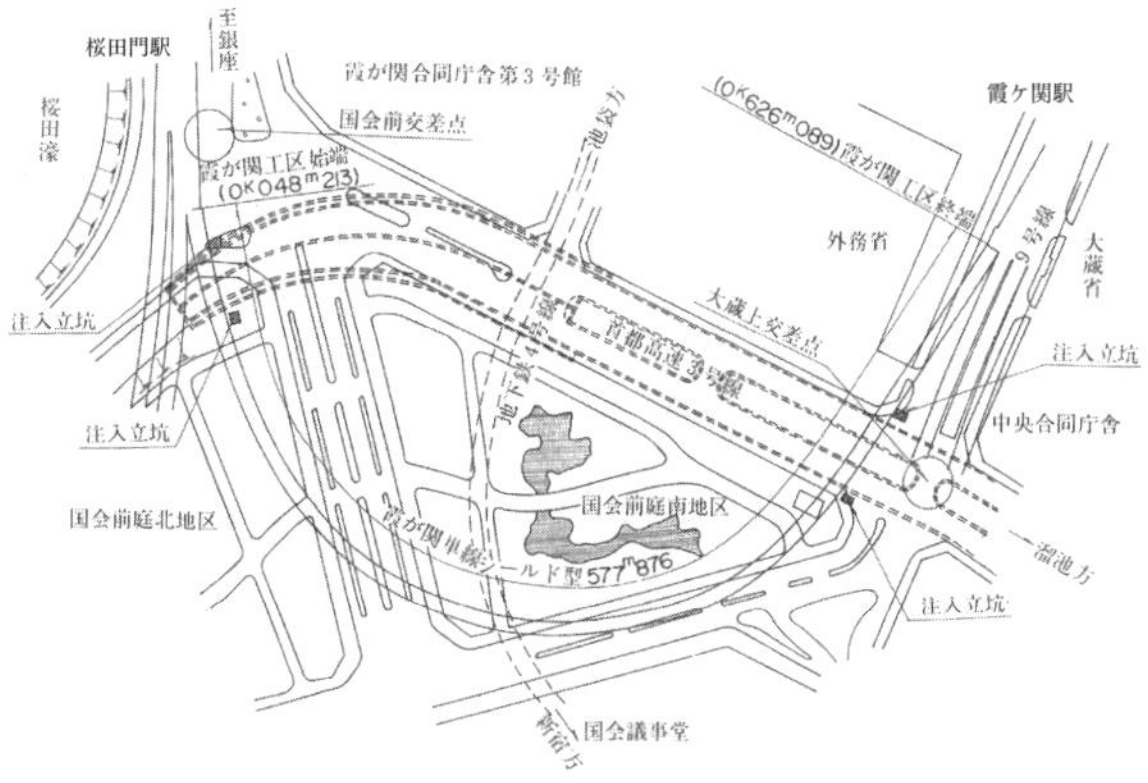

桜田門駅から弧を描き、国会議事堂近くを通って霞ケ関駅に接続する短絡線の図。『東京地下鉄道有楽町線建設史』より

いる。

だが、この二つの路線には大きく異なる部分がある。浅草線は一般的な方式の電車だが、大江戸線はリニアモーター駆動の電車なのだ。この方式の電車は、レールの間に「リアクションプレート」と呼ばれる金属製のプレートがない線路では動かない。このため、大江戸線車両は浅草線の線路を自力で走ることができないのだ。

そこで、大江戸線の車両を馬込車両検修場に回送するために専用の電気機関車、E5000形を製造し、浅草線内はこの機関車が牽引して回送している。地下鉄用の電気機関車は今のところ全国でもこれだけだ。

CHAPTER 5

07

エコで効率的な空調 氷蓄熱冷房システムとは

?

地下鉄の車両のみならず、トンネルや駅の空調に関しては、昔から様々な工夫や努力が行われてきた。地下鉄は、地下の閉じられた空間の中でたくさんの人が行き交ううえ、発熱する設備も多い。空調は地味な話題だが、意外と重要な問題をはらんでいる。

そもそも、ロンドンで世界初の地下鉄が始まったとき、地下トンネルを走ったのは蒸気機関車だった。蒸気機関車ということはもちろん、煤煙や火の粉を吐き出しながら走る。そのためトンネルや駅は煤だらけ、しかも駅ではたびたび小火が発生するほどであった。

そんなロンドンの地下鉄では、排煙対策が喫緊の課題となったが、この問題は電気機関車の登場であっさり解決する。しかし、地下の空調問題がすべて解決したわけではない。

地下鉄の昔の電車は、その構造上、どうしても熱を発してしまう仕組みになっていた。まだ直流の電源を使っていた当時は、複数の抵抗を、並列につないだり、直列につないだりして、モーターの動きを制御していたため、加速時も減速時も、抵抗で熱が大量に発生していた。この熱は、トンネル内や駅構内にこもるほどの熱さで、利用者や列車本数の増加に伴い、地下鉄の大きな問題の一つとなった。

電車の抵抗が発する熱で室温が高くなる問題は、抵抗器を使わずに速度制御を行う「チョッパ制御」や、電圧・周波数を自由に変え、抵抗を使わずに加速や減速ができる「VVVFインバーター制御」の電車が導入され始めたことで、解決が進んでいった。

このように、電車からの直接の熱が軽減されたことで、駅のホームに置いてあった業務用冷蔵庫のような巨大な冷房は徐々に姿を消していった。

空調の問題が次第に解決していくにつれ、今度は省エネルギーが叫ばれるようになってきた。特に近年、東日本大震災における電力危機や、原子力発電所の停止問題などに絡み、省エネの必要性は重要度を増してきている。電力を大量に使用する地下鉄も、この問題を無視するわけにはいかなくなってきている。

省エネに対する取り組みと工夫

東京メトロでは、太陽光発電システムを導入している。地上駅の屋根に太陽光パネルを設置し、発生した電力を照明やエレベーター、エスカレーターなどの駅設備に使用してい

夜間に作られた氷が蓄熱槽に貯められる

る。特に、地上駅の多い東西線では「東西線ソーラー発電所」として、八つの地上駅にソーラーパネルを設置。発電量が1メガワットを超えるなどの成果を上げている。

さらに、空調に関しては、氷を使った冷房システムを、幾つかの駅で導入している。これは「氷蓄熱空調システム」というもので、比較的電力があまり使われない夜間に製氷しておき、昼間の電力使用量がピークを迎える頃に、その氷を利用して空気を冷やすという仕掛けだ。雪の多い地方でよく使われる、いわゆる「雪冷房」と、ダムの揚水発電の仕組みをかけ合わせたようなシステムだ。税制の面でも優遇され、さらに電気代の安い夜間に製氷するので、電気代の節約にもなっている。

現在、丸ノ内線の新大塚駅、有楽町線の池袋駅と江戸川橋駅、半蔵門線の清澄白河駅と住吉駅、押上駅、南北線の王子駅と王子神谷駅、副都心線の雑司が谷駅、西早稲田駅、東新宿駅、新宿三丁目駅、北参道駅、明治神宮前駅、以上14の駅で導入済みだ。

また、空調管理については、地中熱利用空調システムの導入も検討されている。これは、地中の熱を利用し、空調に活かす仕組みだ。

地中の熱は、1年を通してほぼ一定で、夏と冬には外気と地中の温度差は10℃～15℃もあるといわれている。その温度差を利用し、排熱をヒートポンプで地中に送り、温めたり冷やしたりして、空調に使用する。このシステムを使うと、冷暖房の排熱を空気中に放出せずにすむため、特に夏はヒートアイランド現象の抑制効果も期待できる。

地中熱という自然エネルギーは最近になって使われるようになったわけではなく、地下貯蔵するときの「室」や、竪穴式住居などで古くからよく使われていた自然エネルギーの一つである。

エネルギー消費量の削減だけでなく、CO2の削減効果もあるため、大規模な建築物などでの導入が進んでおり、東京メトロでは、中野車両基地や、総合研修訓練センターなどへの実験的な導入が進められている。

CHAPTER 5

08

地下鉄では日本でここだけ見学も可能な東京メトロの踏み切り

？

地下鉄に踏み切りはあるのだろうか？　もちろん、地下鉄の線路は基本的に地中を走っている。地上に出ても道路などのほかの交通機関の妨げにならないよう、高架の上を走ることが多いため、基本的に踏み切りがないのはいうまでもないことだろう。

しかし、乗り入れの鉄道路線というところまで範囲を広げて考えると「地下鉄を走っている電車が通過する踏み切り」という場所はかなりあるのではないか。

例えば、京都市営地下鉄と直通運転している京阪京津線は、大津市内で幾つかの踏み切りを通過するうえに、路面電車のように道路の上を走行した電車が、京都市内では地下を走る。また、東京メトロ副都心線と直通運転を行っている東急東横線も、自由が丘をはじめ、幾つか踏み切りが存在することを考えれば「地下鉄を走っている電車が通過する踏み切り」は無数にあるといえる。

では純粋に、地下鉄のためだけに造られた踏み切りというのは存在するのだろうか？

一般の乗客を乗車させた状態で通過する「地下鉄の踏み切り」は、残念ながら存在しない。しかし現在、日本で唯一の地下鉄車両専用という踏み切りが、東京都の台東区に存在している。「東京メトロ上野検車区の踏み切り」がそれだ。

地下鉄の踏み切りだからといって、地下にあるわけでなく、地上に存在している。銀座線上野駅から検車場へ電車を引き込むための引き込み線上に設けられた踏み切りだ。一般の道路との踏み切りなので、現地に行けば見物することもできる。現地に赴き、しばらく待っていれば、銀座線の車両が行き交う様子を見ることも可能だ。

屋外を走る銀座線は、現状、渋谷の高架でしか見ることがないので、街の中を、しかも踏み切りの上を走る銀座線の車両は、スペシャル感があり、パラレルワールドのようで面白い……とはいいすぎかもしれないが、微妙な違和感があるのは確かだ。

軌道に高圧電流が流れる危険な踏み切りだった

ただ、この銀座線の踏み切り、少々ものものしい。踏み切りの遮断機が道路側だけでなく、線路側にも降りるようになっている。つまり、電車が来ないときは線路側に遮断機が降りており、電車が来ると線路側の遮断機が上がって、道路側の遮断機が下がる。普通の踏み切りよりもかなり厳重だが、これは銀座線の給電方式に原因がある。

東京メトロ銀座線や丸ノ内線は、給電に第三軌条方式という方式を採用している（P184〜P186参照）。これは、2本のレールの横に設置されたもう1本の給電用のレールから電気を取り込むという仕組みだ。この給電用のレールには600Vの高圧電流が流れている。そのため、人や動物が間違って軌道内に入り込まないよう、線路側にも遮断機が設置されているというわけだ。なお、道路と交差する部分には、電流の流れているレールは設置されていないので、安心して踏み切りを渡って頂きたい。

第三軌条方式は、架線のように美観を損ねることもあまりないが、地上に高圧電流の流れているレールがむき出しになる。海外ではこの方式の地上路線もあるが、国内では現在は地下鉄のみ。踏み切りも、日本ではこの踏み切りだけである。

さて、この「地下鉄の踏み切り」だが、過去には、このほかに地下鉄車両専用の踏み切りが3カ所も存在する場所があった。都営浅草線の馬込工場の引き込み線の踏み切りだ。

馬込には現在、馬込車両検修場がある。この工場は都営浅草線の車両だけでなく、大江戸線などの車両の検査も行う工場だが、かつて、この馬込車両検修場と国道1号を挟んで向かい側にも馬込工場が存在しており、その工場への引き込み線に踏み切りが3カ所設け

東京メトロ銀座線上野検車区の踏み切り

られていた。しかし、設備の老朽化などで馬込工場が２００４（平成16）年に閉鎖され、３カ所の踏み切りもお役御免となった。廃止されたあとも、工場や踏み切り跡はしばらく残っていたものの、２０１０（平成22）年頃にはいずれも解体され、撤去されてしまったようだ。現在、馬込工場跡地には、立正大学付属の小中学校が完成し、開校している。

ところで、大阪市営地下鉄の御堂筋線に乗っていると、淀屋橋駅付近で、踏み切りの警報音が聞こえることがある。地下鉄なのに踏み切りの音が聞こえる！　と驚く人も多いが、これは、保守作業などを行っている作業員に列車の接近を知らせるための警報音である。地下鉄の中に踏み切りがあるというわけではない。

CHAPTER 5

09

それぞれの駅の個性が見える？発車メロディの今昔物語

列車が発車する時の警告音は、趣のあるものが多い。古くは「チンチン電車」という呼称の由来ともなった発車ベルから、ブザー、チャイムなど様々だったが、その頃は「メロディ」と呼べるようなものではなかった。ベルやチャイムをメロディに変更する会社がいくつか現れ始めたのは、1970年代頃からのことだ。

JR東日本では、1970年代から使われてきた電子音が不評だったため、1989（平成元）年、渋谷駅や新宿駅で、試験的にピアノや鈴、ハープなどで奏でたメロディを使用。それが好評を博し、本格的に導入が始まった。

当初は、オカリナ奏者の宗次郎が作曲した発車メロディが採用され、首都圏を中心に長らく使われていた。しかし、それも2005（平成17）年頃より順次ほかのものに置き換えられていき、2014（平成26）年に群馬県の高崎問屋町駅で使われていたものが廃止。現在はなくなっている。

今では、駅ごとに様々なメロディが使われている。よく聞かれる『せせらぎ』『高原』といった汎用メロディの他に、ご当地メロディの、高田馬場駅の『鉄腕アトム』や蒲田駅の『蒲田行進曲』などは有名だろう。

一方、地下鉄にも発車の際の警告音はもちろん存在したが、JRなどに比べると、発車メロディの導入は遅れていた。

特に、東京メトロは現在も営団地下鉄の時代から使われているブザーの駅が多い。正式名称は「整理ブザー」というが、マニアの間では「営団ブザー」とよく呼称される。なんとも形容し難いが、あの発車前に鳴る「ペー」というブザーである。ちなみにこの整理ブザーの音色は、ヤマハの電子キーボードで再現できる。

整理ブザーの音に関しては、駅ごとに音が微妙に違う場合もあるらしい。さらに、かなりのマニアともなると、発車ブザーの音の長さや車掌のボタンの押し方によって様々な鑑賞の仕方があるという。例えば、チャイムやメロディを途中で切らずに最後まで鳴らしきった場合は「フルコーラス」、途中で音を止めてしまった場合は「途中切り」、途中で止めたチャイムやメロディを再び鳴らすことを「打ち返し」などと、それぞれに名前までつけているのだ。既に、一般人ではついていけないほどの鑑賞文化が生まれているともいえるかもしれない。

東京メトロでもメロディへの置き換えが進む

東京メトロで長らく使われてきた整理ブザーだが、２００８（平成20）年に開業した副都心線に初めて発車メロディが導入されて以降、順次、整理ブザーから発車メロディへの置き換えが進んでいる。なお、東京メトロでは発車メロディのことを、発車サイン音と呼称している。

東京メトロでは、ＪＲやその他の私鉄のように、複数の駅や路線で同じメロディを使用するということをなるべくせず、同じ駅のＡ線Ｂ線（「上り」「下り」に相当する）でもそれぞれ違うメロディを使用している。つまり、一駅に最低でも2種類の発車サイン音が存在することになり、かなりの数のメロディがある。

現在、東京メトロで発車サイン音は、副都心線、有楽町線、銀座線、丸ノ内線、東西線の各駅で導入されており、さらに秋葉原、乃木坂など複数の駅では利用者の投票で決まった『恋するフォーチュンクッキー』（秋葉原）、『君の名は希望』（乃木坂）、『銀座の恋の物語』（銀座）などの発車サイン音を駅に導入している。それぞれＡＫＢ48、乃木坂46、石原裕次郎と牧村旬子のヒット曲を元にしたものだ。

有名楽曲を使用した駅は、「春のうららの隅田川」の歌い出しで有名な滝廉太郎作曲の『花』を使用している銀座線浅草駅、森山直太朗の出世作『さくら（独唱）』を使用している銀座線上野駅、美空ひばりの『お祭りマンボ』の神田駅、高峰秀子の『銀座カンカン娘』の銀座駅、『お江戸日本橋』の東西線日本橋駅、爆風スランプの『大きな玉ねぎの下で』の九段下駅、『テイク・ミー・アウト・ザ・ボール・ゲーム』の後楽園駅などがある。これらの楽曲は、言わずもがなだが、それぞれその駅に関連のあるメロディが採用されている。例えば、上野駅なら上野公園の桜にちなみ、浅草駅は歌詞に隅田川が登場するから、といった具合だ。

ところで、これらのメロディは様々な人によって作曲されている。特に、東西線の駅の発車サイン音は、元カシオペアのメンバーで、鉄道マニアとしても有名な音楽プロデューサー、向谷実《むかいやみのる》氏が作曲しており、進行方向に沿って全駅つなげて聞くと1つの曲になるという凝ったものだ。東京メトロでは、駅のブザーは、順次発車サイン音に変更していく意向なので、今後このようにミュージシャンが作曲する発車サイン音も増えてゆくかもしれない。

CHAPTER 5

10

地下を貨物列車が走る武蔵野南線 期間限定だが一般客乗車も可能

？

ＪＲ武蔵野線といえば、府中本町から西国分寺、南浦和、新松戸など、首都圏の外環をぐるっとカーブし、西船橋までを結ぶ鉄道路線だ。山手線各駅から放射状に伸びる鉄道路線を横に結ぶ路線として、主に郊外の住宅地を結んでいる。

武蔵野線は、元々、貨物線として建設された。１９７３（昭和48）年に府中本町駅から新松戸駅間が開業、１９７８（昭和53）年新松戸駅〜西船橋駅間が開通し、その後完成した京葉線に直通で乗り入れることにより、列車は東京駅にも乗り入れている。

武蔵野線の完成により、山手線（品川駅〜田端駅間。今、湘南新宿ラインが走る経路の一部）や都心の路線に貨物列車を走らせなくても済むようになり、湘南新宿ラインなどの様々な新路線を設定することができるようになった。

このような首都圏の外環を結ぶ鉄道路線は「東京外環状線」として、１９２７（昭和2）年の鉄道敷設法で決定された。第二次世界大戦の混乱で計画は一時凍結され中止されれていたものの、戦後、山手線を走る貨物列車の増大に対し、その必要性が再認識されるようになり、1964（昭和39）年に工事が着工され、建設が進められた。このように「東京外環状線」は、高度経済成長に伴い、その必要性が認識されて建設が始まった。しかし、建設予定地である東京郊外は徐々に住宅化しつつあり、建設中の外環状線も、住宅化の波に飲み込まれつつあった。住宅化の中、建設を進めるにあたり、沿線住民の建設反対運動が予想された。そこで、建設を進めていた国鉄は、沿線住民の理解を得るため、東京外環状線の一部区間を、貨物線専用ではなく、一部旅客化し、郊外の都市間を結ぶこととした。その区間が、府中本町駅～西船橋駅間である。

こういった経緯により、武蔵野線の駅の名称のほとんどに「新（新小平、新秋津、新三郷、新松戸など）」や「東西南北（東所沢、北朝霞、南浦和、東浦和、東川口など）」が付くのは、新しく誕生した町同士をつないでいるからともいわれている。

都市生活を陰で支える貨物専用路線

もちろん武蔵野線は地下鉄ではない。しかし武蔵野線には、府中本町よりさらに南に、路線図に描かれない線路が存在している。これは、俗に「武蔵野南線」または「武蔵野貨物線」などと呼ばれている貨物専用の線路だ。

神奈川県川崎市あたりの地図をよく見てみると、地図によっては住宅地の中をまっすぐ突き抜ける破線が描かれているものがあるかもしれない。破線は、府中本町の南から南東に向かって梶ヶ谷貨物ターミナルを経由し、鶴見まで伸びているはずだ。

武蔵野線は基本的に、武蔵野台地を走る西側にトンネルが多く、新小平駅などはトンネルの隙間に造られたような駅となっているが、武蔵野南線は、ほぼ全線がトンネルとなっており、つまり、この部分は貨物専用の地下鉄といえなくもないのだ。

鶴見から府中本町までの間、駅と呼べるものは、梶ヶ谷貨物ターミナル駅しかない。梶ヶ谷貨物ターミナル駅は、1976（昭和51）年、武蔵野南線が開業したと同時に営業を始めている。川崎市内部の工場からの出荷や到着に使われることを見越して設置され、現在も使用されており、ターミナル内にサントリーなどの物流施設が設けられている。

近年は、川崎市北部で出された生活廃棄物を、臨海部の浮島処理センターに運ぶための貨物列車も運行している。当初、臭気を発するゴミを運搬することに難色を示したJR貨物だったが、川崎市のゴミ処理技術を採用した特殊な川崎市専用のコンテナを使用することによって、この問題を解決した。鉄道貨物でゴミを運搬しているのは全国でも珍しいだろう。

JR武蔵野線の北朝霞駅～西浦和駅を走行する貨物列車

武蔵野南線では、旅客車が走ることはあまりない。「あまり」というのは、本数は少ないものの、定期的に旅客を乗せた臨時列車が武蔵野南線を経由して運行することがあるためだ。

武蔵野南線を旅客を乗せて走るのは「ホリデー快速鎌倉」と呼ばれる臨時列車で、南越谷から鎌倉までを、武蔵野線（武蔵野南線）、東海道本線、横須賀線などを経由して走っている。主に、春季と秋季の土日、観光客が多い時期に設定。現在、武蔵野南線の地下鉄部分を走るには、この列車に乗るしか方法はない。

武蔵野南線の旅客化は、沿線からも何度か提案があったものの、トンネル内に駅を設けることの難しさ、貨物輸送を行いながらの工事の困難さなどから、見送られている。

CHAPTER 5

11

一人の天才デザイナーが生んだ営団地下鉄の優れた案内サイン

地下鉄駅の構内は、たいていが地下に存在する。地下空間では、外の景色や日差しの明るさなど、そういう方向を認識させるものがいっさいないため、方向感覚を失いやすい。その上、乗り換えや連絡通路などが四方につながっている。

ただ、地下鉄の駅構内では、たとえ迷ったとしても、とりあえず、黄色の「出口」の案内をたどっていけば、外に出ることができる。

また、黄色地の地上案内図や、出口案内を確認すれば、どこに向かって歩けばいいのかはおおよその見当がつくようになっている。さらに、路線名の頭には必ずその路線のシンボルカラーの丸をつけてあるので、行き先の駅名がわかればほぼ迷うことはない。近年の改良についてはP78～P82で述べた通りだ。

このような、東京メトロの統一された地下鉄駅構内のサインシステムは、今や当たり前だが、昔はそうでもなかった。各駅ごとに、表示は統一されておらず、文字の大きさもまちまちで、用語の統一もされていなかった。そのうえ、視認性を損なうほど大きな広告が入っている案内板など、利用者視点で設置されているとはいい難いものだった。

そんな状況であった地下鉄駅構内のサインシステムに、革命的な変革をもたらしたのが、赤瀬達三である。大学を卒業した赤瀬は「人の役に立つデザインをしたい」と思いいたり、案内サインをデザインする事務所にたどり着く。1972（昭和47）年、そのデザイン事務所で、当時の営団地下鉄のサインシステム改善に携わることになり、それまでバラバラで統一されていなかった案内サインのデザインを一新することになった。

赤瀬はまず、駅の利用者の動線によって二つの系統を作った。駅にやって来た利用者が、目的の電車に乗車するまでを乗車系、目的の駅に着いた利用者が駅を出るまでを降車系といった具合だ。そして、乗車系の利用者が必要な「入り口サイン」は緑色、降車系の利用者に必要な「出口サイン」は黄色、といったように、サインの基調になる色を揃える。また、離れていても視認できるよう、通路を横断するかたちで帯サインを掲出した。

さらに利用者が求める情報によって、単に道順を案内すればよいものと、位置関係などを丁寧に説明したものに分けなければならなかった。

前者は、複雑な用語を統一して簡潔にし、方向指示などをシンプルに行えば、わかりやすくなる。他方、地下構内では、利用者が「今、どこにいて、どこに向かえばいいのかわからない」という「座標の喪失」という状態に陥りやすい。これには、「図」や「表」を用いて、自分がどこにいるのか、目的の場所に行くにはどう進めばよいのか、がわかる図解サインを準備する必要があった。

シチュエーションに応じたアレンジも

乗車系、降車系にそれぞれ、方向指示、図解サインなどのデザインで整理し、一つのフローチャートとしてまとめたのが、営団地下鉄のサインシステムだった。このサインシステムは1973(昭和48)年、営団地下鉄大手町駅で試験的に導入され、日本初のシステム化された案内表示となった。

路線カラーによる丸印の路線シンボルもこの頃に導入されたものだ。それまでの「銀座線のりば」「東西線のりかえ」といった表示を「丸ノ内線」「日比谷線」という短く言い切るかたちに変え、路線名の頭に必ず路線カラーの丸をつけた。これにより、離れた場所からでも確認が容易になった。また、不慣れな利用者が迷いやすい場所には、図解サインを集約的に配置し、「地下鉄全線案内図」や「周辺地域地上地下関連図」などのほかに「景

営団地下鉄時代のサインではラインカラーの丸のみで路線が表示された

観写真」の掲示も行われていた。もっとも、景観写真は、似たような建物が多いのと、地上風景の変化が激しいこともあり、実際に導入されたのは大手町と銀座の2駅だけであった。

これらのサインシステムは、2004（平成16）年の民営化まで続いたが、このとき様々な点が変更になった。例えば、乗り場案内サインの地色を紺色に変更。また、駅周辺の主な施設と出口を案内していた黄色のパネルを、広告にするため、スペースを広げる。さらにホームで乗り換え案内に使用している独立柱にも広告スペースを設けるため、その情報をほかの場所に移動などだった。赤瀬はこのような変更を是とせず、東京メトロのデザインからは離れることとなった。

日本地下鉄路線データ

※各事業者の提供資料および日本地下鉄協会の資料をもとに作成
※最初の開通日と最新の開通日が異なる場合は併記
※特に断りがない場合データは平成27年度のもの
※表定速度は駅に停車する時間も含めた平均の速度

札幌市営地下鉄

東西線

【営業区間・営業キロ・所要時間】
宮の沢～新さっぽろ・20.1km・35分
【全線開通年月日】
1976(昭和51)年6月10日・1999(平成11)年2月25日
【総駅数】
19駅
【車両長】
18m
【編成両数】
7両
【表定速度・最高速度】
34.4km/h・70km/h
【1日の平均利用者数】
22万6679人
【車両数】　168両

南北線

【営業区間・営業キロ・所要時間】
麻生～真駒内、14.3km、27分
【全線開通年月日】
1971(昭和46)年12月16日・1978(昭和53)年3月16日
【総駅数】
16駅
【車両長】
18.4m
【編成両数】
6両
【表定速度・最高速度】
31.2km/h・70km/h
【1日の平均利用者数】
22万7690人
【車両数】　120両

東豊線

【営業区間・営業キロ・所要時間】
栄町～福住・13.6km・24分
【全線開通年月日】
1988(昭和63)年12月2日・1994(平成6)年10月14日
【総駅数】
14駅
【車両長】
18m
【編成両数】
4両
【表定速度・最高速度】
34.1km/h・70km/h
【1日の平均利用者数】
14万8369人
【車両数】　84両

都営地下鉄

浅草線

【営業区間・営業キロ・所要時間】
西馬込～押上・18.3km・35分
【全線開通年月日】
1968(昭和43)年11月15日
【総駅数】
20駅
【車両長】
18m
【編成両数】
8両
【表定速度・最高速度】
30.9～31.1km/h・70km/h
【1日の平均利用者数】
69万7000人
【車両数】
216両

三田線

【営業区間・営業キロ・所要時間】
目黒～西島高平・26.5km・52分
【全線開通年月日】
1976(昭和51)年5月6日・2000(平成12)年9月26日
【総駅数】
27駅
【車両長】
20m
【編成両数】
6両
【表定速度・最高速度】
30.5km/h・75km/h
【1日の平均利用者数】
62万人
【車両数】　222両

仙台市地下鉄

東西線

【営業区間・営業キロ・所要時間】
八木山動物公園～荒井・13.9km・26分
【全線開通年月日】
2015(平成27)年12月6日
【総駅数】
13駅
【車両長】
先頭車16.75m・中間車16.5m
【編成両数】
4両
【表定速度・最高速度】
31.5～32.3km/h・70km/h
【1日の平均利用者数】
5万4056人
【車両数】
60両

南北線

【営業区間・営業キロ・所要時間】
泉中央～富沢・14.8km・28分
【全線開通年月日】
1987(昭和62)年7月15日・1992(平成4)年7月15日
【総駅数】
17駅
【車両長】
先頭車21.75m、中間車20m
【編成両数】
4両
【表定速度・最高速度】
30～31.4km/h・75km/h
【1日の平均利用者数】
17万3595人
【車両数】　84両

東京メトロ

銀座線

【営業区間・営業キロ・所要時間】
銀座〜渋谷・14.3km・32分
【全線開通年月日】
1927(昭和2)年12月30日・1939(昭和14)年9月16日
【総駅数】
19駅
【車両長】
16m
【編成両数】
6両
【表定速度・最高速度】
27.1km/h・65km/h
【1日の平均利用者数】
108万7000人
【車両数】 240両

丸ノ内線

【営業区間・営業キロ・所要時間】
池袋〜荻窪・24.2km・50分、中野坂上〜方南町・3.2km・6分
【全線開通年月日】
1954(昭和29)年1月20日・1962(昭和37)年3月23日
【総駅数】 28駅
【車両長】
18m
【編成両数】
6両・3両
【表定速度・最高速度】
29.2〜29.9km/h・65km/h
【1日の平均利用者数】
128万1000人
【車両数】 336両

新宿線

【営業区間・営業キロ・所要時間】
新宿〜本八幡・23.5km・40分
【全線開通年月日】
1978(昭和53)年12月21日・1989(平成元)年3月19日
【総駅数】
21駅
【車両長】
20m
【編成両数】
8両・10両
【表定速度・最高速度】
35.3km/h・75km/h
【1日の平均利用者数】
72万5000人
【車両数】 252両

大江戸線

【営業区間・営業キロ・所要時間】
都庁前〜光が丘・40.7km・84分
【全線開通年月日】
1991(平成3)年12月10日・2000(平成12)年12月12日
【総駅数】
38駅
【車両長】
16.5m
【編成両数】
8両
【表定速度・最高速度】
29〜29.2km/h・75km/h
【1日の平均利用者数】
91万4000人
【車両数】 456両

千代田線

【営業区間・営業キロ・所要時間】
綾瀬〜代々木上原・21.9km・38分、北綾瀬〜綾瀬・2.1km・4分
【全線開通年月日】
1969(昭和44)年12月20日・1979(昭和54)年12月20日
【総駅数】　20駅
【車両長】
20m
【編成両数】
10両・3両
【表定速度・最高速度】
31.5〜34.4km/h・80km/h
【1日の平均利用者数】
121万1000人
【車両数】　398両

有楽町線

【営業区間・営業キロ・所要時間】
和光市〜新木場・28.3km・51分
【全線開通年月日】
1974(昭和49)年10月30日・1988(昭和63)年6月8日
【総駅数】
24駅
【車両長】
20m
【編成両数】
10両
【表定速度・最高速度】
33.2km/h・80km/h
【1日の平均利用者数】
107万6000人
【車両数】　540両

日比谷線

【営業区間・営業キロ・所要時間】
北千住〜中目黒・20.3km・43分
【全線開通年月日】
1961(昭和36)年3月28日・1964(昭和39)年8月29日
【総駅数】
21駅
【車両長】
18m
【編成両数】
8両
【表定速度・最高速度】
28.3km/h・80km/h
【1日の平均利用者数】
115万8000人
【車両数】　336両

東西線

【営業区間・営業キロ・所要時間】
中野〜西船橋・30.8km・50分
【全線開通年月日】
1964(昭和39)年12月23日・1969(昭和44)年3月29日
【総駅数】
23駅
【車両長】
20m
【編成両数】
10両
【表定速度・最高速度】
37km/h・100km/h
【1日の平均利用者数】
140万6000人
【車両数】　490両

副都心線

【営業区間・営業キロ・所要時間】
小竹向原〜渋谷・11.9km・22分
【全線開通年月日】
2008(平成20)年6月14日
【総駅数】
11駅
【車両長】
20m
【編成両数】
8両・10両
【表定速度・最高速度】
31.9km/h・80km/h
【1日の平均利用者数】
53万人
【車両数】
540両

東京臨海高速鉄道

りんかい線

【営業区間・営業キロ・所要時間】
新木場〜大崎・12.2km・18分
【全線開通年月日】
1996(平成8)年3月30日・2002(平成14)年12月1日
【総駅数】
8駅
【車両長】
20m
【編成両数】
10両
【表定速度・最高速度】
42km/h・100km/h
【1日の平均利用者数】
19万7000人(平成23年)
【車両数】　80両

半蔵門線

【営業区間・営業キロ・所要時間】
渋谷〜押上・16.8km・30分
【全線開通年月日】
1978(昭和53)年8月1日・2003(平成15)年3月19日
【総駅数】
14駅
【車両長】
20m
【編成両数】
10両
【表定速度・最高速度】
33.4km/h・80km/h
【1日の平均利用者数】
99万8000人
【車両数】　250両

南北線

【営業区間・営業キロ・所要時間】
目黒〜赤羽岩淵・21.3km・39分
【全線開通年月日】
1991(平成3)年11月29日・2000(平成12)年9月26日
【総駅数】
19駅
【車両長】
20m
【編成両数】
6両
【表定速度・最高速度】
32.6km/h・80km/h
【1日の平均利用者数】
57万9000人
【車両数】　138両

横浜市営地下鉄

ブルーライン

【営業区間・営業キロ・所要時間】
あざみ野～湘南台・40.4km・68分
【全線開通年月日】
1976(昭和51)年9月4日・1999(平成11)年8月29日
【総駅数】
32駅
【車両長】
18m
【編成両数】
6両
【表定速度・最高速度】
35.5km/h・80km/h
【1日の平均利用者数】
52万5000人
【車両数】 222両

グリーンライン

【営業区間・営業キロ・所要時間】
日吉～中山・13km・21分
【全線開通年月日】
2008(平成20)年3月30日
【総駅数】
10駅
【車両長】
15.5m
【編成両数】
4両
【表定速度・最高速度】
38km/h・80km/h
【1日の平均利用者数】
13万6000人
【車両数】
68両

埼玉高速鉄道

埼玉高速鉄道線

【営業区間・営業キロ・所要時間】
赤羽岩淵～浦和美園・14.6km・19分
【全線開通年月日】
2001(平成13)年3月28日
【総駅数】
8駅
【車両長】
20m
【編成両数】
6両
【表定速度・最高速度】
45.5km/h・80km/h
【1日の平均利用者数】
10万1000人
【車両数】
60両

東葉高速鉄道

東葉高速線

【営業区間・営業キロ・所要時間】
西船橋～東葉勝田台・16.2km・21分
【全線開通年月日】
1996(平成8)年4月27日
【総駅数】
9駅
【車両長】
20m
【編成両数】
11両
【表定速度・最高速度】
44.2km/h・100km/h
【1日の平均利用者数】
14万4000人
【車両数】
110両

名城線

【営業区間・営業キロ・所要時間】
ナゴヤドーム前矢田〜ナゴヤドーム前矢田・26.4km・50分
【全線開通年月日】
1965(昭和40)年10月・2004(平成16)年10月6日
【総駅数】 28駅
【車両長】
15m
【編成両数】
6両
【表定速度・最高速度】
31.9km/h・65km/h
【1日の平均利用者数】
38万7000人
【車両数】 216両

名港線

【営業区間・営業キロ・所要時間】
金山〜名古屋港・6km・10分
【全線開通年月日】
1971(昭和46)年3月29日
【総駅数】
7駅
【車両長】
15m
【編成両数】
6両
【表定速度・最高速度】
34.8km/h・65km/h
【1日の平均利用者数】
38万7000人
【車両数】
216両

横浜高速鉄道

みなとみらい線

【営業区間・営業キロ・所要時間】
横浜〜元町中華街・4.1km・6分
【全線開通年月日】
2004(平成16)年2月1日
【総駅数】
6駅
【車両長】
20m
【編成両数】
8・10両
【表定速度・最高速度】
不明・70km/h
【1日の平均利用者数】
19万8000人
【車両数】
48両

名古屋市営地下鉄

東山線

【営業区間・営業キロ・所要時間】
高畑〜藤が丘・20.6km・38分
【全線開通年月日】
1957(昭和32)年11月15日・1982(昭和57)年9月21日
【総駅数】
22駅
【車両長】
15m
【編成両数】
6両
【表定速度・最高速度】
32.5km/h・65km/h
【1日の平均利用者数】
48万7000人
【車両数】 288両

上飯田線

【営業区間・営業キロ・所要時間】
上飯田〜平安通・0.8km・2分
【全線開通年月日】
2003(平成15)年3月27日
【総駅数】
2駅
【車両長】
20m
【編成両数】
4両
【表定速度・最高速度】
32km/h・75km/h
【1日の平均利用者数】
1万7000人
【車両数】
8両

京都市営地下鉄

烏丸線

【営業区間・営業キロ・所要時間】
国際会館〜竹田・13.7km・28分
【全線開通年月日】
1981(昭和56)年5月29日・1997(平成9)年6月3日
【総駅数】
15駅
【車両長】
20.5m
【編成両数】
6両
【表定速度・最高速度】
29.9km/h・75km/h
【1日の平均利用者数】
23万7000人
【車両数】 120両

鶴舞線

【営業区間・営業キロ・所要時間】
上小田井〜赤池・20.4km・36分
【全線開通年月日】
1977(昭和52)年3月・1993(平成5)年8月12日
【総駅数】
20駅
【車両長】
20m
【編成両数】
6両
【表定速度・最高速度】
34.6km/h・75km/h
【1日の平均利用者数】
19万4000人
【車両数】 150両

桜通線

【営業区間・営業キロ・所要時間】
中村区役所〜徳重・19.1km・38分
【全線開通年月日】
1989(平成元)年9月・2011(平成23)年3月27日
【総駅数】
21駅
【車両長】
20m
【編成両数】
5両
【表定速度・最高速度】
31.9km/h・75km/h
【1日の平均利用者数】
18万8000人
【車両数】 120両

谷町線

【営業区間・営業キロ・所要時間】
大日～八尾南・28.1km・53分
【全線開通年月日】
1967(昭和42)年3月24日・1983(昭和58)年2月8日
【総駅数】
26駅
【車両長】
18m
【編成両数】
6両
【表定速度・最高速度】
31.9km/h・70km/h
【1日の平均利用者数】
50万8000人
【車両数】 246両

四つ橋線

【営業区間・営業キロ・所要時間】
西梅田～住之江公園・11.4km・23分
【全線開通年月日】
1942(昭和17)年5月10日・1972(昭和47)年11月9日
【総駅数】
11駅
【車両長】
18m
【編成両数】
6両
【表定速度・最高速度】
30.5～31.7km/h・70km/h
【1日の平均利用者数】
25万7000人
【車両数】 126両

東西線

【営業区間・営業キロ・所要時間】
六地蔵～太秦天神川・17.5km・35分
【全線開通年月日】
1997(平成9)年10月12日・2009(平成21)年4月1日
【総駅数】
17駅
【車両長】
16.5m
【編成両数】
6両
【表定速度・最高速度】
30.4km/h・75km/h
【1日の平均利用者数】
13万5000人
【車両数】 102両

大阪市営地下鉄

御堂筋線

【営業区間・営業キロ・所要時間】
江坂～中百舌通・24.5km・46分
【全線開通年月日】
1933(昭和8)年5月20日・1987(昭和62)年4月18日
【総駅数】
20駅
【車両長】
18m
【編成両数】
10両
【表定速度・最高速度】
31.9～32.3km/h・70km/h
【1日の平均利用者数】
115万7000人
【車両数】 400両

堺筋線

【営業区間・営業キロ・所要時間】
天神橋六丁目〜天下茶屋・8.5km・17分
【全線開通年月日】
1969(昭和44)年12月6日・1993(平成5)年3月4日
【総駅数】
10駅
【車両長】
18m
【編成両数】
8両
【表定速度・最高速度】
30〜30.4km/h・70km/h
【1日の平均利用者数】
32万3000人
【車両数】 136両

長堀鶴見緑地線

【営業区間・営業キロ・所要時間】
大正〜門真南・15km・31分
【全線開通年月日】
1990(平成2)年3月20日・1997(平成9)年8月29日
【総駅数】
17駅
【車両長】
15m
【編成両数】
4両
【表定速度・最高速度】
28.6〜28.8km/h・70km/h
【1日の平均利用者数】
16万6000人
【車両数】 100両

中央線

【営業区間・営業キロ・所要時間】
コスモスクエア〜長田・17.9km・30分
【全線開通年月日】
1961(昭和36)年12月11日・1985(昭和60)年4月5日
【総駅数】
14駅
【車両長】
18m
【編成両数】
6両
【表定速度・最高速度】
35.8〜36.5km/h・70km/h
【1日の平均利用者数】
30万8000人
【車両数】 120両

千日前線

【営業区間・営業キロ・所要時間】
野田阪神〜南巽・12.6km・28分
【全線開通年月日】
1969(昭和44)年4月16日・1981(昭和56)年12月2日
【総駅数】
14駅
【車両長】
18m
【編成両数】
4両
【表定速度・最高速度】
26.8km/h・70km/h
【1日の平均利用者数】
18万9000人
【車両数】 68両

海岸線

【営業区間・営業キロ・所要時間】
新長田～三宮・花時計前・7.9km・15分
【全線開通年月日】
2001(平成13)年7月7日
【総駅数】
10駅
【車両長】
15.8m
【編成両数】
4両
【表定速度・最高速度】
31.3～32.1km/h・70km/h
【1日の平均利用者数】
4万5000人
【車両数】
40両

広島高速鉄道

アストラムライン

【営業区間・営業キロ・所要時間】
本通～広域公園前・18.4km・39分
【全線開通年月日】
1994(平成6)年8月20日
【総駅数】
22駅
【車両長】
8.6m
【編成両数】
6両
【表定速度・最高速度】
30km/h・60km/h
【1日の平均利用者数】
6万1000人
【車両数】
144両

今里筋線

【営業区間・営業キロ・所要時間】
井高野～今里・11.9km・24分
【全線開通年月日】
2006(平成18)年12月24日
【総駅数】
11駅
【車両長】
15m
【編成両数】
4両
【表定速度・最高速度】
27.8～31.3km/h・70km/h
【1日の平均利用者数】
6万5000人
【車両数】
68両

神戸市営地下鉄

西神・山手線

【営業区間・営業キロ・所要時間】
新神戸～西神中央・22.7km・32分
【全線開通年月日】
1977(昭和52)年3月13日・1987(昭和62)年3月18日
【総駅数】
16駅
【車両長】
19m
【編成両数】
6両
【表定速度・最高速度】
41.7～42km/h・90km/h
【1日の平均利用者数】
26万2000人
【車両数】 168両

七隈線

【営業区間・営業キロ・所要時間】
橋本～天神南・12km・24分
【全線開通年月日】
2005(平成17)年2月3日
【総駅数】
16駅
【車両長】
16.5m
【編成両数】
4両
【表定速度・最高速度】
30km/h・70km/h
【1日の平均利用者数】
7万8000人
【車両数】
68両

福岡市地下鉄

空港線

【営業区間・営業キロ・所要時間】
姪浜～福岡空港・13.1km・25分
【全線開通年月日】
1981(昭和56)年7月26日・1993(平成5)年3月3日
【総駅数】
13駅
【車両長】
20m
【編成両数】
6両
【表定速度・最高速度】
31.5～31.9km/h・75km/h
【1日の平均利用者数】
33万6000人
【車両数】　144両

箱崎線

【営業区間・営業キロ・所要時間】
中洲川端～貝塚・4.7km・10分
【全線開通年月日】
1982(昭和57)年4月20日・1986(昭和61)年11月12日
【総駅数】
7駅
【車両長】
20m
【編成両数】
6両
【表定速度・最高速度】
28～28.7km/h・75km/h
【1日の平均利用者数】
3万3000人
【車両数】　144両

参考文献

『日本の地下鉄　車両・路線・駅施設のすべてがわかる』（イカロス出版）
『日本の地下鉄』和久田康雄（岩波書店）
『東京メトロのひみつ』（ＰＨＰ研究所）
『東京メトロの世界』（交通新聞社）
『鉄道ピクトリアル』１９８７年12月増刊号「帝都高速度交通営団特集」（電気車研究会）
『鉄道ピクトリアル』１９９０年３月増刊号「日本の地下鉄」（電気車研究会）
『横浜市高速鉄道建設史』（横浜市交通局）
『地下鉄 びっくり！博学知識』ロム・インターナショナル編（河出書房新社）
『地下鉄の歴史 首都圏・中部・近畿圏』佐藤信之（グランプリ出版）
『超電導リニアの謎を解く』村上雅人（シーアンドアール研究所）
『東京メトロの世界―身近な鉄路の〝本格派〟雑学』（交通新聞社）
『地下鉄のひみつ70』（イカロス出版）
『東京の地下鉄がわかる事典―読む・知る・愉しむ』青木栄一監修（日本実業出版社）
『図解・地下鉄の科学―トンネル構造から車両のしくみまで』川辺謙一（講談社ブルーバックス）
『首都東京 地下鉄の秘密を探る』渡部史絵著（交通新聞社）

『地下鉄が一番わかる（しくみ図解シリーズ）』井上孝司著（技術評論社）
『大江戸線建設物語―地下鉄のつくり方 計画から開業まで』東京都交通局監修・大江戸線建設物語編纂委員会編（成山堂書店）
『東京地下鉄道史．乾』（東京地下鉄道）
『世界の地下鉄　ビジュアルガイドブック』（一社）日本地下鉄協会編（ぎょうせい）
『東京の鉄道ネットワークはこうつくられた』高松良晴（交通新聞社）
『鉄道ピクトリアル 東京圏都市鉄道プロジェクト』佐藤信之編（電気車研究会）
『東京メトロをゆく』（イカロス出版）
『駅をデザインする』赤瀬達三（ちくま新書）

参考webサイト

国土交通省／東京都交通局／東京地下鉄株式会社／福岡市交通局／大阪市交通局／「東京まち・アート」／（一社）日本地下鉄協会／「鉄道新聞」／METROBITS.org

監　修

小佐野カゲトシ（おさの　かげとし）

1978年東京都生まれ。ライター・記者。国内・海外問わず、鉄道や交通関連の取材・執筆を中心に活動している。国際基督教大学（ICU）卒業後、約10年間地方新聞社で記者として勤務ののち独立し、雑誌や書籍、鉄道会社のパンフレットなどに執筆。現在は「東洋経済オンライン」で鉄道関係の記事を担当。著書に「京浜急行スゴすぎ謎学」（河出書房新社）、「線路際のひみつ」（交通新聞社）など。

※本書は書き下ろしオリジナルです。

じっぴコンパクト新書　294

JIPPI Compact

日本縦断《にほんじゅうだん》！
地下鉄《ちかてつ》の謎《なぞ》

2016年12月15日　初版第1刷発行

監修者……………小佐野カゲトシ
発行者……………岩野裕一
発行所……………実業之日本社
〒153-0044　東京都目黒区大橋1-5-1 クロスエアタワー8F
電話（編集）03-6809-0452
　　（販売）03-6809-0495
http://www.j-n.co.jp/
印刷所……………大日本印刷株式会社
製本所……………株式会社ブックアート

ISBN978-4-408-11201-5（第一趣味）